Thomas Kruchem

Am Tropf von Big Food



X T E X T E

Thomas Kruchem

# Am Tropf von Big Food

## Wie die Lebensmittelkonzerne den Süden erobern und arme Menschen krank machen

[transcript]

**Bibliografische Information der Deutschen Nationalbibliothek**
Die Deutsche Nationalbibliothek verzeichnet diese Publikation in der Deutschen Nationalbibliografie; detaillierte bibliografische Daten sind im Internet über http://dnb.d-nb.de abrufbar.



Umschlaggestaltung: Maria Arndt, Bielefeld
Lektorat: Cornelia Wilß, buch+kultur
Satz: Mark-Sebastian Schneider, Bielefeld
Druck: Majuskel Medienproduktion GmbH, Wetzlar
Print-ISBN 978-3-8376-3965-0
PDF-ISBN 978-3-8394-3965-4
EPUB-ISBN 978-3-7328-3965-0

Gedruckt auf alterungsbeständigem Papier mit chlorfreі gebleichtem Zellstoff.
Besuchen Sie uns im Internet: *http://www.transcript-verlag.de*
Bitte fordern Sie unser Gesamtverzeichnis und andere Broschüren an unter: *info@transcript-verlag.de*

»Das öffentliche Gesundheitswesen muss gegen *Big Food, Big Soda* und *Big Alcohol* kämpfen. All diese Industrien fürchten Regulierung und schützen sich mit den gleichen Taktiken. (...) Dazu zählen Frontorganisationen und Lobbying; Versprechungen, sich selbst zu regulieren; Gerichtsprozesse sowie von der Industrie finanzierte Forschung, die wissenschaftliches Beweismaterial verdreht und in der Öffentlichkeit Zweifel sät.
Die Taktiken der Industrie beinhalten überdies Geschenke, Stipendien und Beiträge zu ehrenwerten Anliegen - was die Unternehmen als respektable Unternehmensbürger erscheinen lässt. Außerden versucht die Industrie, die Verantwortung für gesundheitliche Schäden dem Einzelnen aufzubürden und staatliche Regulierung als Einschränkung persönlicher Freiheit zu porträtieren.
Hier haben wir es mit fürwahr furchterregenden Gegnern zu tun, die Marktmacht problemlos in politische Macht verwandeln.«

*Margaret Chan, Generaldirektorin der Weltgesundheitsorganisation,*
*am 10. Oktober 2013 in Helsinki*

»Nach Feststellungen der Weltgesundheitsorganisation könnte die Reduzierung von vier Risikofaktoren - ungesunde Nahrungsmittel, körperliche Inaktivität, Tabak- und Alkoholkonsum - 80 Prozent der Herz-Kreislauf-Erkrankungen und des Typ-2-Diabetes verhindern; dazu mindestens ein Drittel aller Krebserkrankungen. Diese nicht ansteckenden Erkrankungen werden die globale Wirtschaft in den nächsten 20 Jahren rund 47.000 Milliarden US-Dollar kosten, wobei ungesunde Nahrung das Rauchen als wichtigsten Risikofaktor weltweit abgelöst hat.«

*The Lancet am 11. Juni 2016*

# Inhalt

# Geleitwort

Thomas Kruchems Buch zur Industrialisierung unserer Ernährung lenkt den Blick auf lange unterschätzte Gefahren, die von *Big Food* ausgehen – von multinationalen Junkfood- und Soda-Konzernen.

Weltweit bedroht heute eine Pandemie der Fettleibigkeit und ihrer Folgeerkrankungen Industrie- wie Entwicklungsländer. Und dieser Pandemie zu begegnen ist schwer: Den Kampf gegen Hunger und Unterernährung haben Regierungen, soziale Bewegungen und Nichtregierungsorganisationen geführt, indem sie gemeinsam die öffentliche Versorgung mit Nahrungsmitteln verbesserten. Im Kampf gegen krank machende Fettleibigkeit aber müssen sich nun Bürger und Regierungen mächtigen Konzernen entgegenstellen, die ihr Geld mit dem Verkauf ungesunder Nahrungsmittel verdienen.

Eine gesetzliche Regulierung solcher Konzerne gibt es bis heute erst in wenigen Ländern Europas und Amerikas – mit begrenztem Erfolg. Den weiteren Kampf mit den Konzernen müssen nun wir in den Schwellen- und Entwicklungsländern führen. Und um zumindest die eine oder andere Schlacht gewinnen zu können, brauchen wir eine informiert hinter uns stehende Öffentlichkeit; wir brauchen Aufklärung.

Thomas Kruchem leistet dazu einen wertvollen Beitrag. Er legt den Finger, ohne falsche Rücksichtnahme, in offene Wunden: Er hat in den Regionen recherchiert, wo die neuen Fronten zwischen Konzernen und Bürgern verlaufen; er hat aufmerksam den Aktivisten zugehört, die sich im Kampf gegen die Konzerne engagieren.

Eine englische Version dieses wegweisenden Buchs würde das Werk einer breiteren Öffentlichkeit zugänglich machen. Es könnte dann Regierungen, Entscheidungsträgern, Politikern, sozialen Bewegungen und NGOs weltweit helfen, einer verheerenden Pandemie Herr zu werden.

*Biraj Patnaik, Neu-Delhi, im Mai 2017*

*(Biraj Patnaik, prominentester Vertreter der indischen Right to Food Campaign, ist seit mehr als zehn Jahren Chefberater der beiden mit der Umsetzung des Rechts auf Nahrung beauftragten* Commissioners *des Obersten Gerichtshofs Indiens. Seit kurzem ist Patnaik auch Regionaldirektor Südasien von Amnesty International. Dieses Geleitwort gibt ausschließlich seine persönlichen Ansichten wieder.)*

# Vorwort

Es ist das Versprechen, das mich provozierte; jenes Versprechen einer heilen Welt ohne Sorgen; voller Sonne, Wohlstand, Gesundheit und Spaß auf zahllosen Fernsehschirmen in armseligen Hütten, die ich besucht habe. Mit diesem betrügerischen Versprechen erschleicht *Big Food* sich und seinem krank machenden Junkfood Zugang zu den Hütten.

Das ist ethisch verwerflich. Deshalb habe ich dieses Buch geschrieben und penibel gefragt: Welchen Schaden richten die Täter an? Wie täuschen sie die Menschen? Wen spannen sie vor ihren Karren?

Betroffene und Experten in aller Welt haben mir geholfen, das Handeln von *Big Food* in Entwicklungs- und Schwellenländern zu verstehen. Ich danke ihnen von Herzen. Ich danke dem evangelischen Hilfswerk Brot für die Welt für die Unterstützung meiner Recherchen. Ich danke dem transcript Verlag, der sich offenen Auges dem Zorn von *Big Food* aussetzt; desgleichen meiner so kompetenten wie engagierten Agentin und Lektorin Cornelia Wilß.

Und ich danke meiner lieben Frau Cäcilia. Sie hält mir seit über 30 Jahren den Rücken frei; sie hat unsere vier Kinder zu anständigen Menschen erzogen und sorgt mit dem Rotstift dafür, dass ich ordentliche Texte abliefere. Mögliche Fehler in Darstellung und Übersetzungen gehen gleichwohl allein auf meine Kappe.

Ich widme dieses Buch unserem ersten Enkelkind, das, mit Gottes Hilfe, Ende Juni 2017 zur Welt kommt. Möge seine Generation die Kraft haben, all das aufzuräumen, was wir an Durcheinander angerichtet haben.

*Thomas Kruchem, Mauer, im Mai 2017*

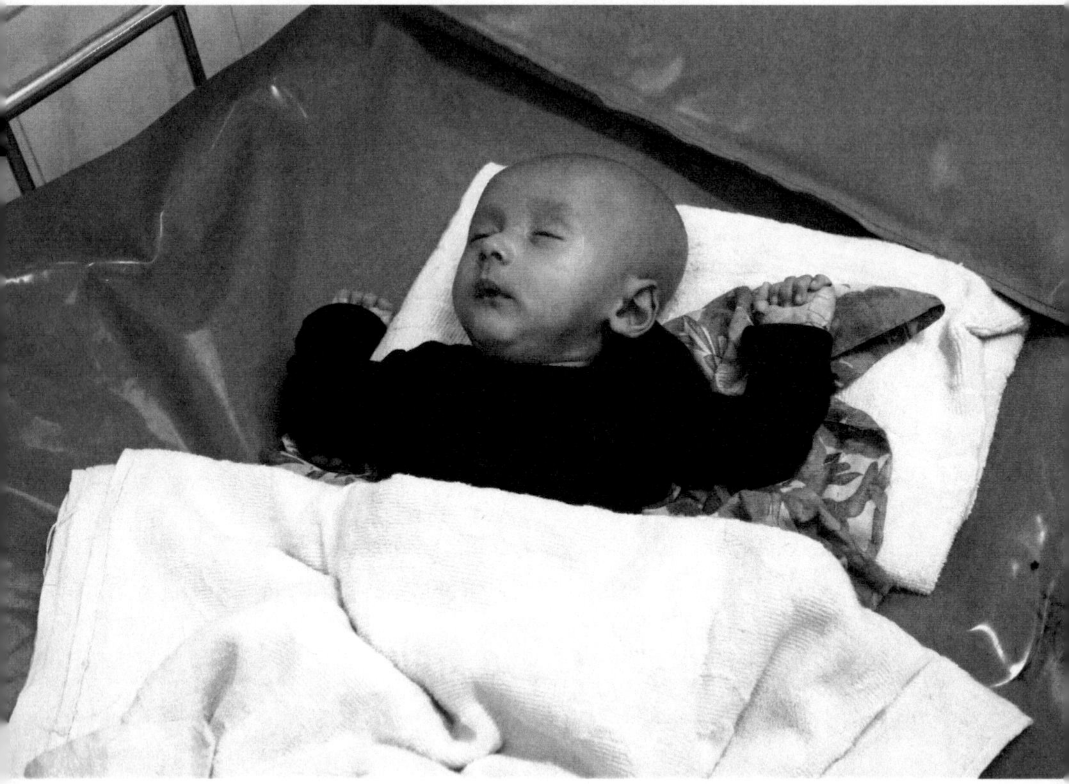

Viele Kleinkinder in Entwicklungsländern sind unter- und mangelernährt.

# Einleitung

Ursache von Übergewicht und Diabetes seien vor allem Bewegungsmangel, Veranlagung und Stress. Das sagen zahlreiche Studien. Das Problem: Diese Studien wurden in Auftrag gegeben und finanziert von internationalen Nahrungsmittel- und Getränkekonzernen, von *Big Food.*

*Big Food* zählt zu den größten Gefahren für unser aller Gesundheit, für die Gesundheit insbesondere armer Menschen. Das sind in diesem Buch Menschen, denen zentrale Ressourcen wie Land und Geld fehlen, um sich Grundbedürfnisse wie Essen, Wohnen, Bildung und Gesundheitsversorgung zu erfüllen. Arme Menschen leben zumeist in Schwellen- und Entwicklungsländern des Südens, die wir in diesem Buch als »arme Länder« bezeichnen.

Hunger und Mangelernährung in diesen Ländern gehen nur langsam zurück. Das ist skandalös. Noch skandalöser aber ist, dass *Big Food* einen Ernährungswandel forciert, der Menschen krank macht, lokale Ernährungssysteme verdrängt und internationale Entwicklungshilfe in grotesker Weise konterkariert.

*Big Food* verkauft in armen Ländern fast nur Junkfood: hochverarbeitete Nahrungsmittel und Getränke, die haltbar, schmackhaft und billig sein müssen. Diese Instant-Nudeln, Zerealien, Süßwaren, Chips, Burger, Pizzen, zuckrigen Joghurts, Süßwässer und Softdrinks bestehen fast nur aus Zutaten wie Fett, Stärke, Zucker, Salz, Geschmacks-, Konservierungs- und Farbstoffen; aus leeren Kalorien also. Dieses Junkfood erzeugt zudem vielfach jene Mischung aus Appetit, Gier und Sucht, die die Angelsachsen *craving* nennen. Der Konsum solcher Produkte heizt sich selbst an; er führt zu Übergewicht und dessen Folgeerkrankungen.

Junkfood ist Kerngeschäft und Existenzgrundlage für *Big Food*. Und weil der Absatz in Industrieländern stockt, vermarkten die Konzerne ihr Junkfood jetzt besonders aggressiv in Schwellen- und Entwicklungsländern. Zielgruppe dort sind vor allem Kinder und Mütter mit geringem Wissen über Ernährungsfragen. Sie sind betörend attraktiven Verpackungen, Träume weckenden Fernsehspots und Elterngefühle missbrauchenden Gesundheitsversprechen wehrlos ausgesetzt.

Die Folgen für die öffentliche Gesundheit in armen Ländern sind dramatisch: Die Zahl der Übergewichtigen, insbesondere auch Kinder, hat die zwei Milliarden überschritten; und die Zahl steigt weiter – im Gleichschritt mit der Expansion von *Big Food*. Der Anteil der Diabetiker an der Bevölkerung liegt, kein Wunder, in China und Indien inzwischen weit höher als hierzulande. Die Gesundheitssysteme armer Länder sind schon heute mit der Diabetes-Pandemie völlig überfordert.

Dessen ungeachtet spannt *Big Food* auch internationale Hilfsorganisationen vor seinen Karren: Unter dem Einfluss von Frontorganisationen der Industrie, die ihre wahren Ziele verbergen, bekämpfen viele Träger von Entwicklungshilfe immer seltener Ursachen von Mangelernährung. Stattdessen verteilen sie Kalorienträger, angereichert mit synthetischen Mineralstoffen und Vitaminen. Entwicklungshilfe degeneriert so zum Türöffner für *Big Food*: Die Konzerne verkaufen jetzt angereichertes Junkfood als »gesund«.

Dabei machen Nestlé und Danone auch vor den Kleinsten nicht halt: Sie verunsichern stillende Mütter und unterlaufen den Internationalen Kodex für die Vermarktung von Muttermilch-Ersatzprodukten der Weltgesundheitsorganisation WHO. Sie drücken brachial stark gezuckertes Milchpulver für Kleinkinder in die Märkte armer Länder. Normale Milch vertrügen kleine Kinder nicht, machen TV-Spots den Müttern weis.

Natürlich gibt es Widerstand gegen das de facto kriminelle Verhalten von *Big Food*. Der Widerstand allerdings beschränkt sich bis heute auf interessierte Kreise in Industrie- und wenigen Schwellenländern. Dies auch deshalb, weil die Konzerne jeder Kritik mit Täuschungsmanövern, Zähnen und Klauen begegnen:

Da verspricht zum Beispiel Danone, seine Joghurts etwas weniger zu zuckern. Zugleich aber stellt der Konzern seine Wassermarken wie Volvic und Bonafont auf gezuckerte und aromatisierte »Aquadrinks« um – auf Bonafont Kids, zum Beispiel, für mexikanische Kinder, die ohnehin zu den dicksten weltweit gehören.

In den USA korrumpiert die Getränkeindustrie derweil Kommunen, die Sondersteuern auf zuckrige Softdrinks erheben wollen, mit Millionenspenden für Kinderkrankenhäuser. Und wenn das nicht hilft, wird prozessiert.

Auch gegenüber nationalen Regierungen, UN-Institutionen und Organisationen der Zivilgesellschaft pflegt *Big Food* eine finanzintensive Umarmungsstrategie: Zahlreiche Konzerne unterhalten Partnerschaften mit dem Welternährungsprogramm WFP und dem Kinderhilfswerk UNICEF. Systematisch erobert *Big Food* Sitze in Gremien der WHO und der Welternährungsorganisation FAO. Das verschafft den Konzernen Einfluss auf global wirksame Gesundheits- und Ernährungspolitik.

Zu den Aufgaben internationaler Nichtregierungsorganisationen (NGOs) zählt es, als *watchdogs* Missstände anzuprangern. Tatsächlich kassieren viele NGOs Millionen von der Nahrungsmittelindustrie: Oxfam publiziert mäßig kritische Berichte über das soziale Gebaren von Unilever, Coca-Cola und dem Bierkonzern SAB-Miller – mit Vorworten der Konzernchefs. Das Kerngeschäft von *Big Food*, den Vertrieb krank machenden Junkfoods, kritisiert Oxfam überhaupt nicht. Das Kinderhilfswerk Save the Children engagierte sich eine Zeitlang für Sondersteuern auf gezuckerte Softdrinks. Das aber hörte schlagartig auf, als die Organisation eine Millionenspende von PepsiCo erhielt und über eine ähnlich hohe Spende mit Coca-Cola verhandelte.

Offensichtliche Interessenskonflikte ignorieren nicht zuletzt viele öffentliche Hochschulinstitute, Berufsverbände von Ernährungsexperten und Gesundheitsorganisationen weltweit. Auch sie lassen sich von *Big Food* finanzieren.

Die Existenzgrundlage von *Big Food* ist, wie erwähnt, Junkfood. Gesunde Nahrungsmittel wären nicht nur in Produktion und Vertrieb zu teuer. Nein, es gibt schlicht und einfach keine gesunden Industrienahrungsmittel, die die Konzerne unter den Bedingungen in Entwicklungs- und Schwellenländern in größerem Stil vermarkten könnten. Die Konzerne müssten, um ihr Portfolio auf vorwiegend gesunde Nahrungsmittel umzustellen, ihre Identität ändern; sie müssten zu drastisch verkleinerten und dezentral operierenden Unternehmen mutieren. Sie müssten auf gewaltige Märkte verzichten und Milliarden an Shareholder-Kapital vernichten. Das aber werden die Unternehmen niemals freiwillig tun.

Die logische Konsequenz: Um Milliarden Menschen vor krank machendem Junkfood zu schützen, hilft es wenig, mit *Big Food* partnerschaftlich zu verhandeln. Im Gegenteil: Die internationale Gemeinschaft, also wir alle, muss kategorisch gegen die schädlichen und ethisch verwerflichen Geschäfte der Konzerne vorgehen. Dagegen (und natürlich auch gegen Alkoholmissbrauch) müssen wir ähnlich konsequent vorgehen wie gegen *Big Tobacco*; viel entschlossener allerdings und viel schneller.

Und wenn *Big Food* mal wieder scheinheilig das Blaue vom Himmel verspricht, wenn die Konzerne lautstark gegen »Pauschalisierung« und »Verschwörungstheorien« protestieren oder die krank machende Wirkung von Junkfood scheinwissenschaftlich relativieren, wenn sie einmal mehr von mündigen Konsumenten in freien Ländern schwadronieren, denen der Staat nicht auf den Teller zu schauen habe – dann sollte das erst recht zu kühler Analyse und entschlossenem Handeln motivieren.

Auch im ländlichen Guatemala essen viele Kinder und Jugendliche täglich Junkfood.

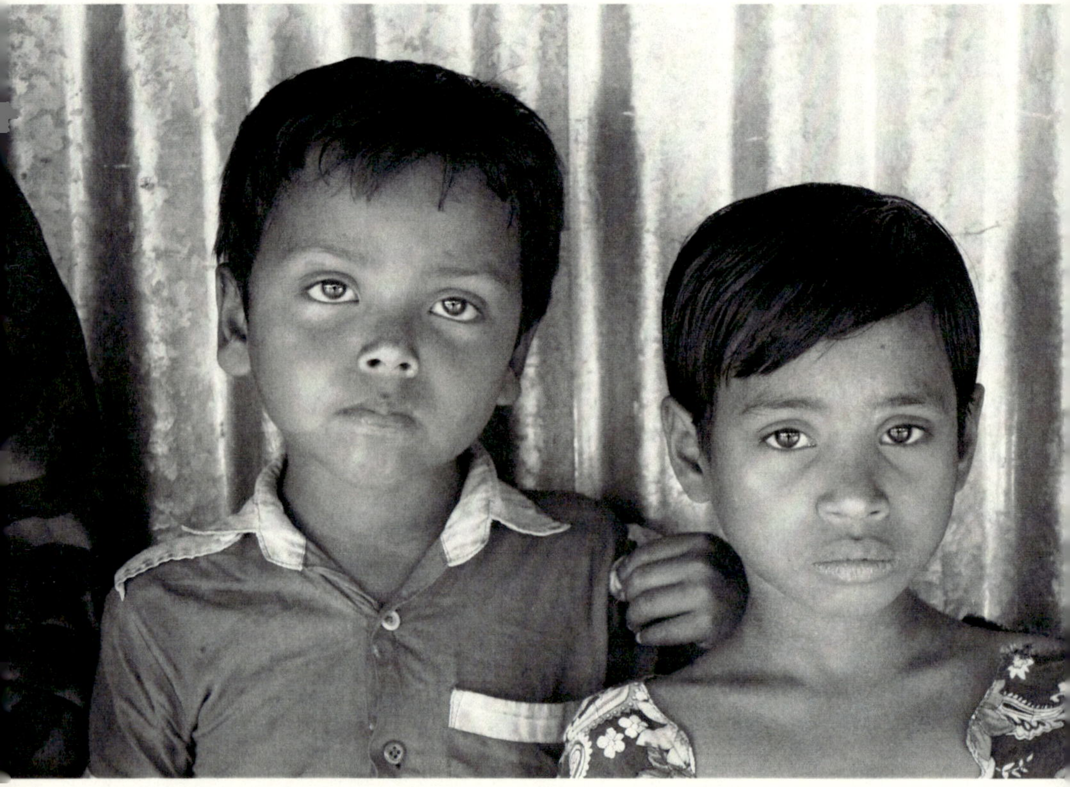

Kindern, die infolge chronischer Mangelernährung körperlich und geistig beeinträchtigt sind, fehlt der Glanz der Neugier in den Augen.

# 1. Der stille Hunger

## 1.1 Stiller Hunger in Bangladesch

In der Grundschule des Dorfes Badatoli im Süden von Bangladesch deutet Lehrerin Sumea Nasrin auf vier still in der Bank sitzende Kinder – Kinder mit leerem Blick, denen der Glanz der Neugier in den Augen fehlt; viel zu klein für ihr Alter. »Ich mache mir große Sorgen um sie. Ständig sind sie müde. Sie können sich nicht konzentrieren und verstehen fast nichts von dem, was ich ihnen erkläre. Mindestens 20 unserer 200 Kinder sind betroffen.« Die Kinder bekämen außer Reis nichts Richtiges zu essen, sagt Sumea mit resigniertem Achselzucken.

Eine Ursache der in Bangladesch verbreiteten chronischen Mangelernährung springt dem Besucher sofort ins Auge. Auf fast allen bebaubaren Flächen steht nichts als Reis. Gemüsefelder, Obstbäume, Rinder, Ziegen und Hühner sind nur vereinzelt zu sehen. Für diese Konzentration der Landwirtschaft auf den Reisanbau gibt es gute Gründe: Bis vor 30 Jahren erlebte Bangladesch immer wieder Hungersnöte; heute kann das kleine Land mit einer Fläche von gerade zweimal Bayern seine 160 Millionen Menschen selbst mit Reis versorgen; viele Bauern ernten dreimal im Jahr.

»Reissicherheit jedoch ist keine Ernährungssicherheit«, sagt Sukanta Sen, Leiter der lokalen Hilfsorganisation BARCIK. »Der bei uns ausschließlich gegessene polierte Reis enthält fast nichts außer Kohlenhydraten.«

Andere Nahrung ist oft außer Reichweite für die meisten Bangladescher: Milch, zum Beispiel, ist extrem teuer. Denn immer weniger Bauern halten Kühe, weil es ihnen an Futter fehlt. Freie

Weideflächen gibt es kaum mehr. Und weil der heute angebaute Hochertragsreis kürzere Halme hat als traditionelle Reissorten, gibt es weniger Stroh. Auch Hühnerfleisch ist knapp: Seit die Bauern zur Zeit der Vogelgrippe vor einigen Jahren ihre Hühner töten mussten, scheuen sie das Federvieh wie der Teufel das Weihwasser.

Schließlich: Immer weniger Fische, die gern gegessen werden, tummeln sich in Bangladeschs Flüssen, Teichen und Reisfeldern – weil die Flüsse zusehends versanden, weil zum Schutz des Reisanbaus vor Fluten Tausende Dämme und Deiche das Land durchziehen; weil zahlreiche zuvor öffentliche Teiche privatisiert wurden. Dort betreiben jetzt kommerzielle Unternehmen Aquakultur für den Konsum der Wohlhabenden und für den Export.

Die Privatisierung, klagt Sukanta Sen, habe auch öffentliche Landflächen erfasst, wo sich früher Millionen Menschen mit wild wachsendem Obst und Gemüse versorgten. »Heute sind fast alle Brachflächen verpachtet.« Auch Obst und Gemüse werden deshalb immer teurer. Äpfel, Mandarinen und Trauben, die aus Indien und China importiert werden, können sich ohnehin nur wenige leisten.

Bittere Armut großer Teile der Bevölkerung ist denn auch eine weitere Ursache der Mangelernährung in Bangladesch – Armut insbesondere auch alleinstehender Mütter wie Rumela Katun, die außerhalb der Stadt Mymensingh im Straßenbau arbeitet – für 2.000 Taka, umgerechnet 23 Euro, im Monat. »Ich habe drei Söhne von zehn, acht und fünf Jahren«, erzählt die ausgezehrt wirkende Frau. »Mein Mann ist vor zwei Jahren gestorben. Das Geld, das ich verdiene, reicht gerade so für Reis, Chili und ein paar Kartoffeln. Manchmal muss ich meine Kinder mit leerem Magen zur Schule schicken.«

Frauen wie Rumela Katun können keine Vorräte anlegen; sie müssen kleinste Portionen Reis und Dal, Linsen, teuer auf dem Markt kaufen. Und viele erliegen der Versuchung, billiges Kesari Dal zu essen. Kesari Dal – die Saat-Platterbse, wissenschaftlich Lathyrus sativus – ist eiweißreich, braucht zum Gedeihen wenig Wasser und zum Garen wenig Brennholz. Häufiges Essen dieser Hülsenfrucht jedoch führt zur chronischen Nervenkrankheit Lathyrismus, die früher auch in Europa verbreitet war. Zu den Symptomen zählen Lähmungen, Krämpfe und Tremor.

Im Süden des 17-Millionen-Molochs Dhaka taucht der Besucher in ein Labyrinth aus schmalen, von Fahrradrikschas und Ochsenkarren befahrenen Wegen ein. Zwischen Hütten und Kiosken aus Bambus, Wellblech und Plastikplane steht ein etwas größeres Betonhäuschen. Hier betreut die lokale Hilfsorganisation BRAC Frauen im letzten Trimester ihrer Schwangerschaft.

»Ich arbeite in einer Textilfabrik«, erzählt die hochschwangere und kaum einen Meter 45 große Afsana Begum, »von morgens um acht bis abends um acht. Zum Essen komme ich nur zwischendurch.« »Afsana hat zu wenig zugenommen und wirkt anämisch«, kommentiert die Ärztin Nauruj Jahan. »Fast alle Frauen, die unser Zentrum besuchen, haben mit kaum 16 Jahren geheiratet und wurden schwanger, bevor sie ausgewachsen waren. Fast alle essen zuhause nur, was die Männer übrig lassen; sie essen bei Schwangerschaftsübelkeit sogar weniger als sonst; fast alle arbeiten bis kurz vor der Geburt. Eine regelmäßige Folge: schwere Anämie, die das Kind schädigt und das Leben der Mutter gefährdet.«

Die Hebammen des BRAC-Zentrums können die Auswirkungen nur mildern: Sie beraten und betreuen die Frauen; sie geben ihnen Tabletten mit Eisen und Folsäure sowie nach der Geburt eine Vitamin-A-Kapsel. Die versorgt das Baby mit dem lebenswichtigen Vitamin – wenn es denn, wie empfohlen, sechs Monate lang von der Mutter gestillt wird – und zwar exklusiv, ohne jede Zufütterung.

Aber nur 55 Prozent der Mütter in Bangladesch halten sich an diese Empfehlung. »Ein miserabler Wert, aber besser als in vielen anderen armen Ländern«, sagt UNICEF-Mitarbeiterin Noreen Prendiville und kritisiert zugleich unzureichende Hygiene. »Gerade zwei Prozent der Mütter waschen sich die Hände, bevor sie ihr Baby stillen. Die Babys werden deshalb öfter krank.«

Außerdem gehen Millionen arme Frauen spätestens sechs Monate nach der Geburt wieder arbeiten. Mittelschichtsfrauen überlassen ihr Baby dann einem oft überforderten Hausmädchen, Frauen in Armenvierteln der acht- oder zehnjährigen Schwester des Babys. »In der Folge bekommt das Kleinstkind, wenn es Glück hat, Reisbrei mit Zucker zu essen«, klagt Erica Roy Khetran von der US-Hilfsorganisation Helen Keller International. »Allzu oft aber bekommt das Kind Schokolade, Chips und aufgeweichte Kekse vom nächsten Kiosk.«

## 1.2 Das Phänomen chronischer Mangelernährung

Die Ernährungssituation in fast allen Entwicklungs- und Schwellenländern ist bis heute schlecht – vielfach ähnlich schlecht wie in Bangladesch: Nach Schätzungen des UN-Kinderhilfswerks UNICEF sind Hunger und Mangelernährung in all ihren Formen verantwortlich für den Tod von 3,1 Millionen Kindern jährlich oder 45 Prozent aller Todesfälle bei Kindern (Black et al. 2013).

Fast 800 Millionen Menschen können noch immer nicht ihren täglichen Kalorienbedarf decken. 50 Millionen von 670 Millionen Kindern unter fünf Jahren sind *wasted*: Sie sind akut unterernährt bzw. untergewichtig – vor allem wegen eines dramatischen Mangels an Energie und Proteinen.

Zugleich leiden zwei von sieben Milliarden Menschen an einem nagenden Hunger, der weniger sichtbar ist und deshalb »stiller Hunger« genannt wird: chronische Mangelernährung. Die Betroffenen mögen genug Energie aufnehmen; doch es fehlt ihnen an Proteinen und Mikronährstoffen wie Vitamin A, Eisen, Vitamin D, Kalzium, Jod oder Zink. Erst seit wenigen Jahren nehmen Regierungen und Entwicklungshilfe die Folgen dieser chronischen Mangelernährung wirklich zur Kenntnis. Die vielleicht schlimmste Folge nennen Experten *stunting* – womit die englische Sprache unverblümt Verkrüpplung und irreversible Entwicklungsstörungen bezeichnet. Fast jedes vierte von 670 Millionen Kindern unter fünf Jahren weltweit ist in diesem Sinne verkrüppelt infolge chronischer Mangelernährung: *stunted*.

Die Kinder sind im Wachstum zurückgeblieben und werden lebenslang ihr körperliches und geistiges Entwicklungspotential nicht ausschöpfen. Sie bleiben zu klein und leiden unter kognitiven Einschränkungen; ihr Stoffwechsel funktioniert nicht richtig; sie sind besonders anfällig für Infektionskrankheiten und im Erwachsenenalter für Fettleibigkeit sowie Diabetes.

*Stunting* entsteht vor allem in den ersten tausend Lebenstagen eines Kindes – in der Zeit von der Empfängnis bis zum zweiten Geburtstag. In dieser Zeit erlittene Entwicklungsschäden infolge von Mangel- oder Unterernährung sind kaum mehr rückgängig zu machen.

Infolge des starken Mangels an spezifischen Nährstoffen leiden mehrere hundert Millionen Kinder, unterschiedlich ausgeprägt, an Mangelkrankheiten:

- Der Eiweißmangelkrankheit Kwashiorkor, deren Ursachen allerdings nicht nur in zu geringem Proteinkonsum zu suchen sind (vgl. Kismul et al. 2014), ist besonders im südlichen Afrika verbreitet. Wassereinlagerungen und eine vergrößerte Leber führen zum typischen Symptom des Hungerbauchs.
- Vitamin-A-Mangel, an dem weltweit 200 Millionen Kinder leiden (Hodge 2014), führt zu Sehbeeinträchtigungen oder gar Blindheit sowie zu einem erhöhten Sterberisiko.
- Jodmangel führt zum Struma (Kropf) und, in schweren Fällen, zu geistiger Behinderung.
- Niacinmangel führt zu Pellagra, einer Erkrankung, die Darm- und Hautprobleme, Tremor sowie psychische Störungen mit sich bringt.
- Eisenmangel führt zu Anämie, von der weltweit 300 Millionen Kinder betroffen sind (Hodge 2014).

Von chronischer Mangelernährung und *stunting* betroffene Menschen hat der Autor in nahezu jedem afrikanischen oder südasiatischen Dorf gesehen, das er besucht hat. Viele Menschen dort essen von frühester Kindheit an fast nur polierten Reis oder Mais; viele Kinder wirken antriebsschwach; sie leiden oft an chronischen Atemwegsinfektionen oder Durchfall. Und besonders schlimm betroffene Erwachsene führen eine randständige Existenz im Dorf: Sie finden keine Ehepartner und sterben früh.

## 1.3 Ursachen von Mangelernährung

### Armut und Ungleichheit

Zu den zentralen Ursachen von Mangelernährung zählt verbreitete Armut in betroffenen Gesellschaften: Die Menschen haben nicht genug Land bzw. Geld, sich Nahrungsmittel für eine gute Ernährung zu beschaffen und diese gesundheitsfördernd zuzubereiten. Diese Not wird vielerorts durch zu kurz aufeinanderfolgende Schwangerschaften verschärft.

Die WHO schätzt, dass 56 Prozent der mangelernährten Kinder in afrikanischen und 36 Prozent in asiatischen Entwicklungsländern leben – in wirtschaftlich sehr unterschiedlich strukturierten Ländern: Im armen Äthiopien etwa sind zwei Drittel der heute erwachsenen Bevölkerung Opfer von *stunting* (Thurow 2014); in den Schwellenländern Indien und Südafrika gibt es genug Geld und Nahrung, diese sind jedoch extrem ungleich verteilt.

Da die meisten Menschen weltweit heute in Städten leben, sind in etlichen Ländern inzwischen mehr Stadtbewohner mangelernährt als Bewohner des ländlichen Raums: 62 Prozent der Stadtbewohner im Afrika südlich der Sahara und 35 Prozent der Stadtbewohner Südasiens leben in Slums. Sie haben zwar meist besseren Zugang zu Gesundheitseinrichtungen, Wasser und sanitären Anlagen als Bewohner des ländlichen Raums; aber sie sind Preiserhöhungen bei Lebensmitteln deutlich schutzloser ausgesetzt als Dorfbewohner, die selbst Lebensmittel anbauen.

### Die Benachteiligung von Frauen

Eine wichtige Rolle als Ursache von Mangelernährung spielen auch sozioökonomische und -kulturelle Faktoren. Sie betreffen vor allem Frauen und Mädchen in armen Gesellschaften: Zahllose Frauen arbeiten körperlich hart für das Überleben der Familie; sie sind von häuslicher und anderer Gewalt betroffen und leiden in der Folge an chronischem Stress. Besonders in Südasien sind unter armen Frauen Depressionen verbreitet.

Frauen essen auch häufig als Letzte in der Familie und bekommen dann nur Überbleibsel. Und wenn die Familie am Essen sparen muss, sind in der Regel zuerst Frauen und Mädchen betroffen.

Frauen, die so leben, sind in hohem Maße mangelernährt, insbesondere anämisch. Sie bringen deshalb häufig untergewichtige und bei der Geburt bereits mangelernährte Kinder zur Welt. Sie stillen oft nicht oder nicht regelmäßig; der Milch dieser Frauen mangelt es nicht selten an Nährstoffen, weil sie selbst nicht ausreichend versorgt sind.

Später bekommen die Kinder nicht die richtige bzw. richtig zubereitete Beikost: Statt Milchprodukten, Eiern, Gemüse, Obst, Fleisch oder anfangs auch Komplementärnahrung in Pulverform wird stärkereicher, aber protein- und mikronährstoffarmer Reis-, Mais- oder Maniokbrei zugefüttert. Die Beikost wird zudem oft unhygienisch zubereitet, weil es den Frauen an sauberem Wasser und gut nutzbaren Kochstellen fehlt. Die Kinder bekommen dann häufig Durchfall und parasitäre Erkrankungen (Würmer, Bilharziose) – was ihre Ernährungssituation weiter verschlechtert.

### Fehlendes Wissen

Mit traditionellen Einstellungen verbundenes Unwissen führt oft dazu, dass die Bevölkerung ganzer Regionen sich einseitig oder mit giftbelasteten Lebensmitteln ernährt. Viele Menschen im südlichen Afrika essen fast ausschließlich Mais oder Maniok, ohne die nährstoffreichen Blätter zu verzehren. Viele Menschen in Südasien essen fast nur polierten Reis, weil der länger haltbar ist als ungeschälter Reis. Viele Bauern in armen Ländern pflanzen, auch wenn sie genug Land und Wasser haben, kaum Obst und Gemüse an.

Nicht sachgerechte Praktiken bei Ernte, Verarbeitung und Aufbewahrung von Nahrungsmitteln führen überdies dazu, dass wertvolle Nahrungsmittel verderben oder mit Pilzgiften belastet werden.

### Nacherntevverluste

Nach Angaben der FAO geht weltweit ein Drittel der für Menschen produzierten Nahrungsmittel nach der Ernte verloren: 30 Prozent des Getreides, 40 Prozent an Wurzel- und Knollenfrüchten sowie Obst und Gemüse; 20 Prozent der Ölsaaten, Fleisch- und Milchprodukte, 35 Prozent der Fischprodukte. Den pro Kopf größten Teil ihrer Lebensmittel werfen Konsumenten in Europa und Nordamerika weg – weil sie zu viel eingekauft haben; weil ihnen die Nahrungsmittel unansehnlich erscheinen; weil das Datum der Mindesthaltbarkeit abgelaufen ist. Weniger bekannt ist, dass auch in Ländern mit viel Hunger und Mangelernährung ein Drittel der produzierten Nahrungsmittel nie auf den Teller der Konsumenten gelangt. Bis zu 40 Prozent sind es in Schwarzafrika, wo ohnedies die Produktivität der Landwirtschaft niedrig ist. Eine »Grüne Revolution« wie die (heute vielfach umstrittene) in Asien gab es in Afrika nie.

### Aflatoxine

Nach Schätzungen der FAO ist ein Viertel der Nahrungspflanzen weltweit mit Aflatoxinen (Giften des Schimmelpilzes Apergillus flavus) belastet. Die für Bauern, Händler und Konsumenten unsichtbaren Pilzgifte befallen bevorzugt Mais und Erdnüsse, aber auch Getreide wie Hirse und Sorghum – und dazu Milch, Eier und Fleisch von Tieren, die belastete Pflanzen fressen.

Aflatoxine reichern sich im menschlichen Körper an; sie bauen sich nur langsam ab und reagieren nicht auf Medikamente. Die Pilzgifte gelten, nach den Kriterien der WHO, als Karzinogene der Klasse 1. Experten machen sie für ein Drittel aller Leberkrebsfälle weltweit verantwortlich, in Afrika für 40 Prozent. Die Gifte schwächen chronisch das Immunsystem und begünstigen so Infektionen mit HIV, Malaria und Durchfallerregern; sie verändern Körperzellen und das Erbgut; schädigen Nieren, Darm und vor allem die Leber. Nach neuesten Forschungsergebnissen sind Aflatoxine überdies eine wichtige Ursache von chronischer Mangelernährung und *stunting* (Kasten 1).

## Verhängnisvoller Umgang mit Mais

Hauptursache der Massenvergiftung mit Aflatoxinen in Afrika, Asien und Teilen Mittelamerikas ist, dass viele Bauern nicht sachgerecht mit ihren Feldfrüchten umgehen – insbesondere mit Mais. Das illustrieren zwei Beispiele:

»Traditionell hängen wir frisch geernteten Mais erstmal zwischen unsere Hütten, mit den Blättern noch auf den Kolben«, sagt die Bäuerin Sella Wanya im ostkenianischen Dorf Mchaiga. »Später schälen wir die Kolben und legen die Körner auf den Erdboden – zum Trocknen. Bei Regen legen wir eine Plane über den Mais. Ist der schließlich trocken, füllen wir ihn in Nylonsäcke und legen die unter unser Bett, damit sie uns niemand stiehlt.« – »Ideale Bedingungen für eine explosionsartige Vermehrung von Aflatoxinen auf dem Mais«, kommentiert bitter lächelnd Claus Aluda, Ernährungswissenschaftler des International Food Policy Research Institute (IFPRI).

Maricella Sarab Coy vom Volk der Maya ist Bäuerin im Dorf Samác, gelegen im nebelverhangenen Bergdschungel West-Guatemalas. Nein, sagt die junge Bäuerin, sie dürfe die Blätter ihrer Maiskolben weder vor noch nach der Ernte aufbiegen, um die Kolben besser abtrocknen zu lassen. Mais ist, als heilige Pflanze der Maya, besetzt mit zahlreichen religiösen Tabus. Auch das Lösen der Maiskörner vom Kolben nach der Ernte, das Trocknen der Körner in der Sonne sowie die anschließende Aufbewahrung in Silos werden kategorisch abgelehnt. Stattdessen werden die Kolben bis zum Verbrauch in den Wohnhäusern aufgehängt oder auf dem (Lehm-)Boden der Häuser ausgebreitet. Sie trocknen so nur unzureichend; die Dorfbewohner essen in der Folge stark mit Aflatoxin belasteten Mais.

Die Aflatoxin-Belastung der Muttermilch guatemaltekischer Maya-Bäuerinnen beziffern Experten vor Ort als rund 400-mal so hoch wie in den USA (Jackson 2015). Bei einer Erhebung im Westen Guatemalas wies traditionell aufbewahrter Mais 20 Tage nach der Ernte eine Aflatoxin-Belastung von 130 Teilen pro Milliarde (ppb) auf, nach weiteren 60 Tagen 1.680 ppb. Der Grenzwert in den USA liegt bei 20 ppb (Villers 2014). Da guatemaltekischer Mais zu nahezu 100 Prozent stark mit Aflatoxinen belastet ist, wird sämtlicher Mais, den Guatemalas Nahrungsmittelindustrie verarbeitet, aus den USA oder Mexiko importiert.

Seit einigen Jahren bemühen sich einige Organisationen der Entwicklungszusammenarbeit intensiv, die Plage der Aflatoxine zu bekämpfen – insbesondere in Kenia, wo nach Schätzungen 30 Prozent der Maisernte jenseits des nationalen Grenzwerts von 10 ppb belastet sind. Bemühungen, mit mobilen Maistrocknern, luftdichten Säcken oder biotechnologischen Methoden die Pilzgiftbelastung zu reduzieren, sind jedoch noch kaum über das Projektstadium hinausgekommen. Viele Bauern sind nicht bereit, Geld und Arbeit in den Kampf gegen die unsichtbaren Gifte zu investieren.

**Kasten 1:**
**Aflatoxine verursachen chronische Mangelernährung**

Dass Aflatoxine – vor und nach der Geburt – Mangelernährung und *stunting* bei Mensch und Tier direkt verursachen, vermuten Wissenschaftler seit langem. Es ist bekannt, dass die Gifte die Blut-Schranke zwischen Mutter und Embryo überschreiten; Babys belasteter Mütter haben ein erhöhtes Risiko von Neuralrohrdefekten, anderen Fruchtschäden und akuten Infektionen; sie kommen mit verringertem Geburtsgewicht zur Welt (Mukherjee 2013). Auch in der Milch belasteter Mütter sind Aflatoxine enthalten. Experten raten diesen Müttern, trotzdem zu stillen, weil zu Gebote stehende Alternativen den Kindern noch mehr schaden dürften als die Pilzgifte.

Im ostafrikanischen Kenia ist jedes dritte Kleinkind *stunted*. Auffällig aber ist: Kleinkinder im Osten Kenias sind in weit höherem Maße mangelernährt als Kinder im trockenen Norden Kenias, obwohl Armut und Ernährung ähnlich sind. Aber: Die Aflatoxin-Belastung des Grundnahrungsmittels Mais ist im Osten weit höher als im Norden.

Dies legt die Hypothese nahe, dass Aflatoxine chronische Mangelernährung verursachen. Um diese Hypothese wissenschaftlich sauber zu prüfen, führt das International Food Policy Research Institute (IFPRI) seit 2012 eine streng wissenschaftliche, so genannte randomisierte kontrollierte medizinische Studie in Ostkenia durch: In Dörfern wie

Mchaiga haben Forscher Claus Aluda und seine Kollegen alle Familien mit Kleinkindern sorgsam über Aflatoxine aufgeklärt und ihnen Hilfsmittel an die Hand gegeben, die Belastung zu reduzieren: Dreschmaschinen für den Mais; schwarze Planen, auf denen die Körner relativ schnell trocknen; luftdichte Säcke zum Aufbewahren des Getreides. In etlichen Vergleichsdörfern ließen sie alles beim Alten. »Wir nahmen Blutproben von den Müttern, maßen deren Größe und Gewicht, das Geburtsgewicht der Kinder«, berichtet Aluda. »Dies taten wir sowohl in den Dörfern, wo wir intervenierten, als auch in den Vergleichsdörfern. Wir untersuchten die Kinder nach einem Jahr, nach zwei Jahren – und verglichen die Daten. Und tatsächlich stellten wir überaus signifikante Unterschiede bei der Entwicklung der Kinder fest.« (Aluda 2016)

In Familien, denen die Wissenschaftler beim Umgang mit ihren Maisernten geholfen hatten, diagnostizierten sie deutlich verringertes *stunting*. Dort, wo man Familien besonders intensiv geholfen hatte, ging das *stunting* sogar um über ein Drittel zurück (Asman 2016). Zum ersten Mal weltweit wurde wissenschaftlich bewiesen, dass Aflatoxine tatsächlich eine Ursache für chronische Mangelernährung bei Kindern sind. Darauf werden Regierungen und Entwicklungshilfe reagieren müssen.

Offen ist indes weiterhin, wie genau Aflatoxine chronische Mangelernährung verursachen. Wahrscheinlich seien Schäden im Darm die Hauptursache, sagt in Nairobi die kenianische Agrar- und Ernährungsexpertin Sophie Walker. »Wir haben, insbesondere aus Studien mit Tieren, starke Hinweise darauf, dass Aflatoxine die Mikrovilli im Darm schädigen. Diese fadenförmigen Zellfortsätze schaffen jene gewaltige Oberfläche, die der Darm benötigt, um ausreichend Nährstoffe zu absorbieren. Bei Tieren, die aflatoxinbelastetes Futter bekommen, verkürzen sich die Mikrovilli. Die Oberfläche zum Absorbieren von Nährstoffen wird also kleiner.« (Walker 2016)

## 1.4 Mangelernährung in Guatemala, Indien und Südafrika

### Guatemala

In Guatemala mit seiner zu 43 Prozent indigenen Bevölkerung (meist Maya) gilt etwa jedes zweite Kind unter fünf Jahren als *stunted*. Der jährliche Rückgang des *stunting* wird auf 0,8 Prozent geschätzt (IFPRI 2015); damit steigt jedoch – bei einem Bevölkerungswachstum von 2,5 Prozent – die Zahl der betroffenen Kinder in absoluten Zahlen. Anders als in manchen anderen Ländern liegt in Guatemala die Rate der Mangelernährung im ländlichen Raum deutlich höher als in den Städten: Bei den Maya im westlichen Hochland, die fast durchwegs sehr klein gewachsen sind, liegt sie bei über 70, in den Städten bei 35 bis 40 Prozent.

Dabei verfügen die Maya auf den ersten Blick über eine proteinreiche Basisnahrung: Sie ernähren sich hauptsächlich von Mais in Form der Tortilla (Fladenbrot) und schwarzen Bohnen (gewürzt mit Chili) im Verhältnis 70 zu 30. Diese Kombination ergibt eine Proteinversorgung, die fast gleichwertig ist mit der aus tierischen Produkten: Der niedrige Gehalt der Bohnen an der Aminosäure Methionin wird ergänzt durch den hohen Methionin-Gehalt im Mais; der niedrige Gehalt an der Aminosäure Lysin in Mais wird ergänzt durch den hohen Lysin-Gehalt in Bohnen. Eine ähnlich gute Proteinversorgung durch die Kombination von Getreide und Leguminosen wird auch in anderen Regionen der Erde erreicht. Dies zeigt, dass Bausteine der Ernährung nicht nur in ihrer Addition, sondern auch in ihrer Wechselwirkung zu betrachten sind.

Zu den wichtigsten Ursachen für die hohe Rate von Mangelernährung in Guatemala zählt die Armut der ländlichen indigenen Bevölkerung vor dem Hintergrund sozialer Diskriminierung und einer höchst ungleichen Landverteilung: Unter den landwirtschaftlichen Betrieben verfügen die größten 2,5 Prozent über fast zwei Drittel des Agrarlands, die kleinsten 90 Prozent über gerade ein Sechstel. Der Landbesitz vieler Kleinbauern steht zudem rechtlich oft auf wackligen Füßen (US AID 2010). Kurz: Mangels Land können viele Familien nicht genug Nahrung produzieren.

Außerdem sind die politischen Eliten kaum daran interessiert, in den Kampf gegen Mangelernährung zu investieren. Guatemalas Regierung präsentierte zwar 2011 einen groß angelegten und komplexen »Zero Hunger Plan«. Im Rahmen dieses Plans wollte die Regierung auch sozialen Ursachen der Mangelernährung begegnen. Leuchtendes Vorbild war Brasilien, wo die *stunting*-Rate bei gerade sieben Prozent liegt.

Die Umsetzung des Plans aber versackte in Guatemala ab 2013 in behördlicher Inkompetenz, Korruption und politischen Intrigen; seit 2015 wurde so gut wie gar nichts mehr umgesetzt. Im Gegenteil: Sowohl UNICEF als auch das Welternährungsprogramm (WFP) sahen keine Möglichkeit mehr, mit den »finanziell gelähmten« Gesundheitsbehörden überhaupt zusammenzuarbeiten (Santizo 2015, Maza 2015).

Zur hohen Mangelernährung unter den Maya tragen auch soziokulturelle Faktoren bei:

- Zugang zu tierischen Produkten wie Eiern, Milch und Hühnerfleisch haben die Maya nur in geringem Maß; Gemüse wie Tomaten, Kartoffeln, Zwiebeln, Gurken oder Rettich und Obst wie Bananen, Mango, Äpfel, Orangen, Trauben oder lokale Tropenfrüchte werden zwar angebaut, aber überwiegend in die Städte verkauft. Die Maya essen traditionell wenig Obst und Gemüse; und sie brauchen das Geld, das sie mit dem Verkauf verdienen.
- Nahezu alle Mütter stillen zwar, praktizieren jedoch nicht das von der WHO empfohlene exklusive Stillen in den ersten sechs Monaten. Die Praxis, weinenden Babys *aguitas* (Zucker, Kräuter, Mais oder Bohnen in oft bakteriell belastetem Wasser) zu geben, ist sehr verbreitet.
- Die Abstände zwischen den Geburten sind vielfach sehr gering, so dass Mütter nicht in der Lage sind, ihren Kleinstkindern optimale Ernährungsfürsorge angedeihen zu lassen.

- Die in starken Traditionen wurzelnde nicht sachgerechte Ernte, Trocknung und Lagerung des religiös stark besetzten Hauptnahrungsmittels Mais bedingt eine hohe Belastung der Bevölkerung mit Aflatoxinen.
- Nach einer internen Erhebung von UNICEF ist, trotz zahlreicher Aufklärungskampagnen, das Problem der Mangelernährung bei den Guatemalteken nahezu unbekannt. Nur ein Prozent der Bevölkerung ist sich des Problems bewusst. Ein Grund: Aufklärungskampagnen sind offenbar nicht der Lebensrealität und Kultur der Menschen angepasst (Santizo 2015).

### Indien

Jedes dritte mangelernährte Kind weltweit lebt in Indien – einem Schwellenland mit modernster Industrie. Die lange Zeit bei 50 Prozent liegende Rate chronischer Mangelernährung ist in den letzten Jahren zwar zurückgegangen; sie liegt aber immer noch bei 38,7 Prozent (IFPRI 2016). Außerdem: 15,1 Prozent der indischen Kinder unter fünf Jahren sind akut unterernährt; das ist eine der höchsten Raten weltweit. Sie liegt ähnlich hoch nur im Nachbarland Sri Lanka und Krisenländern wie Südsudan, Tschad oder Eritrea. In Somalia und Bangladesch sind prozentual weniger Kinder akut unterernährt als in Indien.

Die starke Verbreitung von akuter Unterernährung, chronischer Mangelernährung und *stunting* in Indien hat zahlreiche Ursachen:

Da ist zunächst die große soziale Ungleichheit: Eine Ober- und Mittelschicht von 50 Millionen Menschen lebt wirtschaftlich auf fast mitteleuropäischem Niveau; 800 Millionen Kleinbauern- und Wanderarbeiterfamilien leben von der Hand in den Mund und werden oft zugleich als Angehörige niedriger Kasten bzw. Kastenlose diskriminiert.

Stark ausgeprägt ist – trotz der Gleichheit vor dem Gesetz – auch die Ungleichheit zwischen den Geschlechtern. Mehr Mädchen als Jungen sterben schon im Säuglingsalter – auch weil sie bei der Ernährung vernachlässigt werden. Weniger Mädchen als Jungen absolvieren die Schule; Frauen werden Eigentum und Erbrecht verweigert; 90 Prozent der landwirtschaftlichen Arbeiten verrichten Frauen.

Vor diesem Hintergrund ist auch die Art, wie sich arme Inder ernähren, problematisch: Viele sind Vegetarier, essen jedoch nicht ausreichend vielfältig und ausgewogen. Dies aber ist bei vegetarischer Ernährung besonders wichtig, da pflanzliche Nahrung viele Nährstoffe in geringerer Menge und weniger bioverfügbar enthält als tierische Nahrung.

Seit der »Grünen Revolution« der 1960er und 1970er Jahre hat sich zudem die früher vielfältigere Ernährung der armen ländlichen Bevölkerung stark auf den Konsum von poliertem Reis und stark ausgemahlenem Weizenmehl verengt (Prasad 2015). Diese Tendenz wurde durch das Verteilen von Getreide an Bedürftige in den letzten Jahren weiter verstärkt. Tierische Produkte, Gemüse und Obst sind relativ teuer.

Hinzu kommt: In den explodierenden Metropolen Indiens lebt über die Hälfte der Menschen in Slums – in steter Angst, vertrieben zu werden, und unter täglichem Druck, das Überlebensnotwendige an Essen zu erarbeiten. Unter Zeitdruck ernähren sich diese Menschen zunehmend von fettem, süßem und nährstoffarmem Junkfood – zubereitet noch überwiegend von Straßenverkäufern; immer häufiger aber auch abgepackt von großen Firmen. Die *stunting*-Rate bei Kleinkindern liegt in Neu-Delhi bei 50 Prozent – und damit höher als im ländlichen Raum (Boga 2015). Auch Angehörige der unteren Mittelschicht Indiens sind stark von chronischer Mangelernährung betroffen; viele sparen, zugunsten des Kaufs von Statussymbolen wie Smartphones, am Essen.

Zur verbreiteten Mangelernährung in Indien trägt schließlich in erheblichem Maß bei, dass die Hälfte der Bevölkerung, über 600 Millionen Menschen, nicht über eine ausreichende Sanitär- und Wasserversorgung verfügt. Toiletten werden, auch wenn sie vorhanden sind, oft nicht genutzt (Ojomo 2017). Resultierende Hygieneprobleme führen stark verbreitet zu Durchfall und anderen Infektionskrankheiten – mit der Folge extremer Nährstoffverluste insbesondere bei Kleinkindern.

Zum starken Rückgang des *stunting* seit 2005 haben vor allem drei Maßnahmen beigetragen, die zivilgesellschaftliche Organisationen in zähen Kämpfen durchgesetzt haben:

So gilt in Indien seit 1992 der *Infant milk substitutes, feeding bottles and infant foods (Regulation of promotion, supply and distribution) Act*. Dieses Gesetz schränkt die Vermarktung von Muttermilchersatzprodukten, angelehnt an den von der Weltgesundheitsorganisation (WHO) herausgegebenen »Internationalen Kodex zur Vermarktung von Muttermilchersatzprodukten«, drastisch ein. Die Durchsetzung des Gesetzes wird von Organisationen der Zivilgesellschaft, insbesondere dem Breastfeeding Promotion Network of India (BPNI), engmaschig überwacht. In der Folge ist die Rate exklusiven Stillens in den ersten sechs Lebensmonaten eines Kindes auf fast die Hälfte gestiegen – eine im asiatischen Vergleich ordentliche Rate.

Des Weiteren ist die öffentliche Lebensmittelverteilung an Bedürftige stark ausgedehnt worden: Das Ernährungsprogramm der Integrated Child Development Services (ICDS) ist das größte seiner Art weltweit. Es stellt für Kinder bis zu sechs Jahren Zusatznahrung bereit – meist als Mischung aus Getreide- und Sojamehl. Kinder an öffentlichen Schulen bekommen, im Rahmen des Midday Meal Program (MDM), schultäglich ein warmes Mittagessen.

Und: Der bahnbrechende *National Food Security Act* von 2013 gibt mehr als 800 Millionen Menschen ein konkretes Recht auf Nahrung: Sie dürfen monatlich fünf Kilogramm Getreide zu weniger als einem Zehntel des Marktpreises erwerben. Allein dieses Programm kostet jährlich 20 Milliarden US-Dollar.

Die Umsetzung der Maßnahmen ist allerdings mit Problemen verbunden:

- Vielerorts werden die Ernährungsprogramme noch gar nicht umgesetzt.
- Korruption, Nahrungsmitteldiebstahl und Manipulationen bei der Identifizierung Berechtigter sind weit verbreitet (Mahr 2014).

- Wanderarbeiter und ihre Familien, je nach Saison mehrere hundert Millionen Menschen, sind in etlichen Bundesstaaten Nordindiens von der Nahrungsmittelverteilung ausgeschlossen (Patnaik 2015).
- Das ICDS-Budget wurde 2015 um 54 Prozent gekürzt (Boga 2015).
- Die Zusammensetzung der verteilten Nahrungsmittel, vor allem Weizen- und Sojamehl, entspricht nicht den Standards einer ausgewogenen Ernährung.

### Südafrika

Südafrika ist, mit großem Abstand, das wirtschaftlich am weitesten entwickelte Land Afrikas – insoweit vergleichbar etwa mit Brasilien. Dort jedoch sind gerade sieben Prozent der Kinder unter fünf Jahren *stunted*, in Südafrika 23,9 Prozent (IFPRI 2016). Dafür gibt es etliche Gründe:

So zählt Südafrika zu den Ländern mit der größten Einkommensungleichheit weltweit; sie liegt weit höher als zur Zeit der Apartheid. Die Arbeitslosigkeit liegt offiziell bei 25 Prozent; 15 Millionen Menschen leben größtenteils von Sozialhilfe.

In Südafrika werden überdies zahlreiche Kinder, vielfach schon kurz nach der Geburt, von Großmüttern betreut. Das ist zum Teil Folge der HIV/AIDS-Epidemie. Oft aber funktionieren auch traditionelle Familienzusammenhänge nicht mehr: Viele Männer leben und arbeiten seit der Zeit der Apartheid in Industrie- und Bergbaugebieten; unter anderem deshalb sind Partnerwechsel häufig. Heiratet eine Frau, weigert sich der Mann häufig, deren Kinder aus früheren Beziehungen aufzunehmen. Sie wachsen dann bei der Mutter der Frau auf (Vilakazi 2015).

Im Gegensatz zu Indien ist die Rate exklusiven Stillens während der ersten sechs Monate in Südafrika extrem gering. Sie liegt bei gerade 8,3 Prozent (IFPRI 2016). Das liegt vor allem daran, dass HIV-positive Frauen bis vor einigen Jahren davor gewarnt wurden, zu stillen. Außerdem werden viele Kinder schon als Säuglinge nicht von ihren Müttern betreut, da diese nur weit entfernt vom Heimatort Arbeit finden.

Mangelernährung in Südafrika wird auch dadurch begünstigt, dass sich nur wenige schwarze Bürger des Landes von selbst angebauten Lebensmitteln ernähren können: Unter der Apartheid erlassene Gesetze wie der *Land Act* von 1913 raubten der schwarzen Bevölkerung den größten Teil ihres Ackerlandes. Anders als in Indien gibt es deshalb im Südafrika von heute nur wenige Kleinbauern. Obwohl noch 45 Prozent der Bevölkerung im ländlichen Raum leben, betreiben nur 17 Prozent der schwarzen Südafrikaner Landwirtschaft (Sanders 2015).

Eine wichtige Rolle für die Ernährung der armen Bevölkerung spielen die Lebensmittelpreise: In Südafrika werden heute, als Folge der Autarkiebemühungen während der Apartheid, sowohl die Nahrungsmittelproduktion als auch der Einzelhandel von wenigen Großunternehmen beherrscht. Insbesondere deshalb sind Lebensmittel sehr teuer. Die Preise dafür steigen deutlich schneller als die Preise für andere Güter. Ein Beispiel aus Pietermaritzburg, der zweitgrößten Stadt der Provinz KwaZulu-Natal:

Die Pietermaritzburg Agency for Community Social Action (PACSA), eine Partnerorganisation von Brot für die Welt, betreibt im Stadtgebiet von Pietermaritzburg ein »Barometer für Nahrungsmittelpreise«. Danach stiegen 2013/14 innerhalb eines Jahres die Preise für Kartoffeln um 29, für Hühnerfleisch um 17, für Kohl um 19 und für Frischmilch um 22 Prozent. Ein Warenkorb aus den Grundnahrungsmitteln Maismehl, Weizenmehl, Brot und Kartoffeln verteuerte sich um zwölf Prozent. Zugleich wuchsen jedoch die Einkommen und staatlichen Transferleistungen nur um 6,6 Prozent (PACSA 2014).

Die Konsequenz: Um ihren Grundbedarf an Energie liefernden Nahrungsmitteln wie Mais- und Weizenmehl zu decken, müssen die Armen Pietermaritzburgs bei anderen Nahrungsmitteln sparen: Bohnen, Tomaten, Kohl und Kartoffeln werden heute noch weniger gekauft als zuvor; rotes Fleisch, Frischmilch und Käse können sich die Menschen kaum mehr leisten. In ihrer Ernährung fehlen deshalb Proteine, Vitamine und Mineralstoffe (Smith 2015). Ähnliches gilt, so PACSA-Projektleiterin Julie Smith, für andere Regionen Südafrikas. Und die Situation spitzt sich weiter zu: 2015 stieg der Strompreis um über 25 Prozent; da wird sogar das Kochen für manche unerschwinglich.

Nicht zuletzt besteht auch das Essen in öffentlichen Schulen und Kindergärten vorwiegend aus nährstoffarmen Stärke-Produkten wie Mais, Reis und Kartoffeln – mit kaum Fleisch und Gemüse. Viele Schulträger nutzen Catering-Unternehmen, die mit billigsten Rohstoffen arbeiten.

## 1.5 Wachsendes Engagement gegen Mangelernährung

Weltweit ist Mangelernährung in den letzten Jahrzehnten zurückgegangen – allerdings sehr langsam: Die Zahl der von akuter Mangelernährung betroffenen Kleinkinder sank zwischen 1990 und 2015 von 58 auf 50 Millionen, die der von *stunting* betroffenen von 253 auf 160 Millionen – bei allerdings absoluter Zunahme in einzelnen Ländern. Dass weniger Menschen mangelernährt sind, ist eine Folge allgemeiner sozialer Entwicklung: In den meisten Ländern hat sich die Versorgung mit Nahrung, sauberem Wasser, Bildung und Gesundheitsfürsorge verbessert (IFPRI 2015).

Außerdem haben die Regierungen betroffener Staaten in der Regel ein Interesse am Rückgang der Mangelernährung. Denn über die schlimmen Folgen für den einzelnen Menschen hinaus erzeugt ein schlechter Ernährungszustand der Bevölkerung hohe volkswirtschaftliche Kosten: Die Welternährungsorganisation FAO schätzt, dass aus Mangelernährung resultierende Produktivitätsverluste und Gesundheitskosten bis zu fünf Prozent des globalen Sozialprodukts kosten (van Vark 2014). Das wären rund 3,5 Billionen Euro im Jahr. Die aus allen Formen der Mangel- und Fehlernährung resultierenden Verluste in Asien und Afrika beziffert der Welternährungsbericht sogar auf elf Prozent des Sozialprodukts dort (IFPRI 2016).

2004 erstellten renommierte Ökonomen den so genannten Kopenhagener Konsens, eine Rangliste von entwicklungspolitischen Maßnahmen nach dem Kriterium des größten volkswirtschaftlichen Nutzens. Danach erwirtschaften Maßnahmen gegen Mangelernährung den größten volkswirtschaftlichen Nutzen; jeder investierte Euro bringe ein Vielfaches an Ertrag (Copenhagen Consensus Center 2008, Thurow 2014).

Folgerichtig vermehren sich seit gut einem Jahrzehnt die speziell auf die Bekämpfung von Mangelernährung gerichteten Anstrengungen. Viele Regierungen, UN-Institutionen und Organisationen der Zivilgesellschaft widmen sich inzwischen dem Thema. Und auch die internationale Nahrungsmittelindustrie mischt sehr aktiv mit – wie die folgenden Kapitel zeigen werden. Etliche auf Mangelernährung spezialisierte Organisationen wurden gegründet – insbesondere 2002 die Global Alliance for Improved Nutrition (GAIN) und 2010 die »Scaling up Nutrition«-Initiative (SUN). Mangelernährung war auch zentrales Thema der von FAO und WHO veranstalteten Zweiten Internationalen Ernährungskonferenz (ICN2) im November 2014.

Alle Akteure beanspruchen, eine ausgewogene und gesunde Ernährung bislang mangelernährter Menschen anzustreben. Zugleich aber wird intensiv um die richtige Strategie beim Umgang mit dem stillen Hunger gerungen:

Nahrung ist nämlich keineswegs nur Treib- und Baustoff für den Körper. Die Art, wie sich Menschen ernähren, berührt unmittelbar, intensiv und vielfältig unser aller Existenz – psychologisch, sozial, wirtschaftlich und religiös-kulturell. Ernährung betrifft die Identität einzelner Menschen und ganzer Gesellschaften. In diese Zusammenhänge greifen sowohl die Ursachen von als auch jede Maßnahme gegen Mangelernährung ein – mit komplexen Auswirkungen.

Und so verbinden unterschiedliche Akteure mit unterschiedlichen Strategien gegen Mangelernährung auch unterschiedliche Ziele – mit sehr unterschiedlichen Auswirkungen auf die betroffenen Menschen.

Zum aggressiven Marketing von Unilever in Südafrika zählt es, Mütter und Kinder mit Probeportionen anzufüttern.

# 2. Neue Märkte für Junkfood

Die Konzerne erobern arme Länder

Unter- und Mangelernährung mit ihren gesundheitlichen Folgen verkrüppeln das Leben vieler Menschen in Entwicklungs- und Schwellenländern. Es muss etwas geschehen, das diesen Menschen nachhaltig Zugang zu ausgewogener und gesunder Ernährung verschafft. Tatsächlich geschieht etwas Anderes:

Wie zuvor in den Industrieländern ändern seit einigen Jahrzehnten auch die Menschen in armen Ländern ihre Ernährungsgewohnheiten. Es findet ein *Ernährungswandel* statt: Vor dem Hintergrund der Globalisierung verwandeln sich bislang vorwiegend landwirtschaftlich geprägte allmählich in stärker industriell geprägte Länder. Die Urbanisierung (weltweit heute 54, im Jahre 2050 wohl 66 Prozent) nimmt rapide zu; große Teile der Bevölkerung verdienen mehr als früher; die Menschen bewegen sich weniger; sie haben, auf Trab gehalten von Arbeit und neu geweckten Konsumbedürfnissen, weniger Zeit; sie verzichten deshalb immer häufiger auf die Zubereitung von Mahlzeiten aus frischen Zutaten; sie kaufen lieber Essen, mit dem sie wenig oder gar keine Arbeit haben.

## 2.1 *Big Food und Big Fast Food*

Diesen Wandel nutzen und beschleunigen eine Handvoll großer amerikanischer und europäischer Nahrungsmittel- und Getränkehersteller sowie Fast-Food-Ketten: *Big Food, Big Soda* und *Big Fast Food* (die wir hier als *Big Food* zusammenfassen) versuchen mit vielerlei Mitteln, den Ernährungsmarkt von Entwicklungs- und Schwellenländern zu erobern. Im Windschatten der Großen operieren kleinere internationale und lokale Anbieter – wie etwa der Britannia-Konzern in Indien.

Die zehn größten Nahrungsmittelkonzerne weltweit (vgl. Tab. 1) besaßen 2015 einen börsennotierten Wert von rund 843 Milliarden Euro. Sie erzielten 2016 einen Umsatz von etwa 400 Milliarden US-Dollar. Hinzu kommt das Familienunternehmen Mars Inc. mit einem Umsatz von rund 33 Milliarden US-Dollar 2016.

*Tabelle 1: Marktkapitalisierung (Gesamtwert der Anteile) der zehn größten börsennotierten Nahrungsmittelhersteller der Welt 2015 in Milliarden Euro*

| | |
|---|---|
| Nestlé | 219,2 |
| Coca-Cola | 162,5 |
| PepsiCo | 126,6 |
| Unilever | 124,6 |
| Danone | 62,3 |
| Mondelēz International | 53.54 |
| Kraft Heinz | 34.4 |
| General Mills | 28,5 |
| Kellogg Company | 20,9 |
| Tyson Foods | 10,7 |
| insgesamt | 843.24 |

Quelle: Gerginov 2016.

*Umsatz in Milliarden US-Dollar 2016*

| | |
|---|---|
| Nestlé | 89,47 (SFr) |
| Coca-Cola | 41,86 |
| PepsiCo | 62,8 |
| Unilever | 52,71 (Euro) |
| Danone | 21,94 |
| Mondelēz International | ca.30 (2015) |
| Kraft Heinz | 26,5 |
| General Mills | ca.16,5 |
| Kellogg Company | 13,01 |
| Tyson Foods | 36,95 |
| insgesamt | ca.391,74 |

Anmerkung: Bei Unilever entfallen auf die Bereiche Nahrungsmittel und Erfrischungen etwa 43 Prozent des Umsatzes. Quellen: Webseiten der Unternehmen/Statista.

Rund 15 Prozent der Nahrungsverkäufe und ein Drittel der Verkäufe an verpackten Nahrungsmitteln weltweit werden von diesen Unternehmen kontrolliert. Die Umsätze der großen Fastfood-Ketten liegen niedriger, wachsen jedoch in armen Ländern rapide: Marktführer McDonald's machte 2015 rund 25,4 Milliarden US-Dollar Umsatz, Yum! Brands (KFC, Pizza Hut, Taco Bell) verkaufte Fastfood für 13,2 Milliarden US-Dollar. Subway, das weltweit die meisten Restaurants betreibt, aber mit starken Umsatzrückgängen kämpft, kam auf rund zwölf Milliarden US-Dollar.

Dieses Buch untersucht, wie *Big Food* und *Big Fast Food* Ernährung und Gesundheit in armen Ländern beeinflussen. Der zweifellos wichtige und oft problematische Umgang der Unternehmen mit Land, Kleinbauern, Arbeitnehmern, Frauen, Kindern, Umwelt, Wasser, Klima etc. muss außen vor bleiben.

Die folgenden Großunternehmen sind besonders stark in Entwicklungs- und Schwellenländern aktiv:

### Nestlé

Der in der Schweiz ansässige größte Lebensmittelhersteller der Welt produziert unter Markennamen wie Maggi, Nan, Nesquik, Nescafé, Kitkat, Perrier oder Mövenpick vor allem Getränke, Instant-Nudeln, Babynahrung, Milchprodukte, Fertignahrung wie Tiefkühlpizzen, Schokoriegel und Eiscreme.

Nestlé erlitt vor fast 40 Jahren einen beispiellosen Imageschaden infolge seiner aggressiven Vermarktung von Muttermilchersatzprodukten in Entwicklungsländern. Das Unternehmen leidet unter Umsatzrückgängen in Industrieländern. Es expandiert aber seit vielen Jahren in Schwellen- und Entwicklungsländern. Intensiv versucht Nestlé auch, die arme und ländliche Bevölkerung in diesen Ländern zu erreichen – mit so genannten *Popularly Positioned Products* (PPP): Das sind Produkte mit bekannten Markennamen wie Maggi oder Nido in Kleinstpackungen. Diese kosten nominal wenig, sind im Verhältnis zu größeren Packungen jedoch teuer.

Von zeitweise zweistelligen Wachstumsraten in Entwicklungsländern musste Nestlé zuletzt Abschied nehmen. In 21 afrikanischen Ländern wurde zuletzt Personal abgebaut, um Kosten zu sparen (Manson 2015).

### Danone

Das französische Unternehmen ist der weltweit größte Produzent von Frischmilch-Produkten, vor allem Joghurt; nach Nestlé zweitgrößter Produzent von Muttermilchersatzprodukten sowie drittgrößter von abgepackten Wassergetränken. Danone wirbt gern mit dem angeblichen gesundheitlichen Wert seiner Produkte.

Der Konzern expandiert vor allem in Entwicklungs- und Schwellenländern. Der Umsatz dort übertrifft inzwischen den auf den europäischen Heimatmärkten. Eine viel genutzte Strategie: die Übernahme lokaler Unternehmen.

2012/13 etwa investierte Danone eine Milliarde US-Dollar allein in Afrika. In Südafrika besitzt der Konzern, nach mehreren lokalen Übernahmen, einen Marktanteil bei Milchprodukten von 45 Prozent; in Marokko beherrscht Danone das Unternehmen Centrale Laitière, das 60 Prozent des marokkanischen Marktes an Milchprodukten hält und aggressiv nach Algerien, Tunesien und Ägypten expandiert; in Ghana kontrolliert der französische Konzern den Joghurt- und Fruchtgetränkehersteller FanMilk, der auch nach Togo, Nigeria, Burkina Faso, Benin und Côte d'Ivoire expandiert (Danone 2014).

Besonders erfolgreich operiert Danone am Weltmarkt für verpackte Wassergetränke. Dieser wächst seit 2008 um jährlich sechs Prozent und damit weit schneller als der für kohlensäurehaltige Softdrinks (1,3 Prozent). 2015 wurden weltweit erstmals mehr Wassergetränke als gesüßte Kohlensäuredrinks verkauft (Daneshkhu 2015). Danones Umsatz mit Mineralwasser wuchs von 2014 auf 2015 um 14 Prozent – von 4,2 auf 4,8 Milliarden Euro. Der Renner sind inzwischen gesüßte und aromatisierte Mineralwassergetränke. Süßwässer der Marke Volvic Juicy enthalten in der Regel 60 bis 70 Gramm Zucker pro Liter; sie erzielen in Europa mittlerweile 40 Prozent des Volvic-Umsatzes (Danone 2015c).

### Unilever

Das niederländisch-britische Unternehmen produziert neben Nahrungsmitteln (Pfanni, Rama, Becel, Knorr, Langnese – jede siebente Eiscremeportion weltweit kommt von Unilever) auch Waschmittel (OMO), Reinigungs- und Desinfektionsprodukte (Domestos) sowie Hygiene- und Kosmetikartikel (duschdas, Lux). Mit Nahrungsmitteln und Erfrischungen (Eiscreme) erzielt Unilever 43 des Umsatzes, aber 54 Prozent des Gewinns (Unilever 2016b).

Mehr als die Hälfte seines Umsatzes erwirtschaftet Unilever, das sehr früh in den Süden expandierte, in Schwellenländern wie Indien. In Südasien, Nordafrika, dem Nahen Osten und der Türkei wurde zuletzt ein zweistelliges Wachstum pro Jahr erreicht.

Da schlechte Hygiene erheblich zur Mangelernährung in vielen Ländern beiträgt, sieht Unilever hier gute Wachstumschancen für seine Hygiene- und Reinigungsprodukte. In Zusammenarbeit mit etlichen zivilgesellschaftlichen Organisationen (NGOs) betreibt das Unternehmen Hygiene-Projekte (Händewaschen mit Seife) in Indien; eine »Domestos-Toilettenakademie« schult Betreiber öffentlicher Latrinen in Vietnam.

### Mondelēz International

Das amerikanische Unternehmen bezeichnet sich auf seiner Webseite selbst als »Weltmarktführer bei Keksen, Schokolade, Kaugummi, weiteren Süßwaren, Kaffee und Pulvergetränken«. Diese Produkte werden verkauft unter Marken wie Cadbury, Chips Ahoy!, Jacobs, Milka oder Toblerone.

Mondelēz hat die Marktführerschaft in etlichen Schwellenländern auch deshalb erreicht, weil das Unternehmen der Mittelschicht an lokale Geschmäcker angepasste Produkte anbietet – zum Beispiel Pulvergetränke wie »Cadbury Bournvita« in Nigeria, »Clight Powdered Beverages« in Brasilien und Mexiko oder »Tang« in der Türkei und auf den Philippinen. Erst in jüngster Zeit erschließt das Unternehmen auch Kunden mit sehr geringer Kaufkraft.

Mondelēz hat zwar zuletzt kein zweistelliges Wachstum in Schwellen- und Entwicklungsländern mehr erzielt, es gibt jedoch Hoffnungsträger: So ist das Potential des indischen Schokolademarktes noch kaum erschlossen. Der Konsum liegt bei 117 Gramm pro Person im Jahr (zum Vergleich: Brasilien 1,6 Kilogramm, Türkei 2,0 Kilogramm, Deutschland 11,4 Kilogramm). Aber der Markt wächst – um weit über 20 Prozent jährlich; und Mondelēz besitzt einen Marktanteil von 55,5 Prozent, vor Nestlé mit 17 Prozent (Walia 2015, Tab. 2).

*Tabelle 2: Jährliches prozentuales Wachstum des Schokoladenmarkts zwischen 2011 und 2017 in ausgewählten Schwellenländern*

| | |
|---|---|
| Indien | 21 |
| Brasilien | 11 |
| China | 9 |
| Mexiko | 4 |

Quelle: Statista.

## Mars

Das im US-Bundesstaat Virginia ansässige Familienunternehmen ist als einziger großer Nahrungsmittelhersteller nicht an der Börse notiert; Interna, etwa der Gewinn, sind deshalb schwer zu ermitteln.

Mars produziert vor allem Süßigkeiten (Mars, m&m's, Snickers, Bounty, Milky Way, Balisto) und hält hier 15 Prozent des Weltmarktes. Andere verarbeitete Nahrungsmittel (Uncle-Ben's-Reis, Miracoli-Nudeln) spielen eine Nebenrolle.

Wie der Konkurrent Mondelēz hat Mars primär die Mittelschicht in Schwellenländern wie Brasilien und Indien im Auge. Im März 2015 unterzeichneten Vertreter des Unternehmens und der Regierung des indischen Bundesstaates Maharashtra ein Abkommen zum Bau einer Schokoladenfabrik in der Stadt Pune. Die Hightech-Fabrik soll 160 Millionen US-Dollar kosten; sie wird jedoch nur 200 Menschen beschäftigen (Lindell 2015).

## Coca-Cola

Weil die Sodagetränk-Verkäufe auf dem Kernmarkt, den USA, seit einem Jahrzehnt kontinuierlich zurückgehen, muss der in Atlanta ansässige größte Getränkehersteller der Welt diversifizieren. Und so bietet er in den USA seit 2014 ultra-verarbeitete sowie mit Proteinen und Calcium angereicherte Milchgetränke unter dem Namen Fairlife an.

Mit seinem Stammsortiment (Coca-Cola, Fanta, Sprite, Saft- und Wassergetränke) expandiert das Unternehmen weiterhin in Schwellen- und Entwicklungsländern. Beim Pro-Kopf-Konsum der Soda-Getränke war Coca-Cola zuletzt vor allem in Lateinamerika und Südafrika erfolgreich. Südafrikaner trinken pro Kopf und Jahr etwa 254 Coca-Cola-Produkte (Deutsche 180), deutlich mehr als Milch. Logistisch hat der Brause-Hersteller, mittels Fahrradanhängern und Handkarren, auch die entlegensten Regionen Südafrikas erschlossen.

In Indien werden abgepackte Getränke bislang noch relativ wenig konsumiert. Coca-Cola jedoch vertraut darauf, dass die Menschen künftig keine Zeit mehr haben werden, frische Saftgetränke zuzubereiten. Das Unternehmen investiert deshalb nach eigenen Angaben zwischen 2012 und 2020 fünf Milliarden US-Dollar in Indien (Coca-Cola India 2015).

### PepsiCo

Der US-amerikanische Konzern produziert neben bekannten Getränkemarken (Pepsi-Cola, Mirinda, 7 Up, Tropicana) im großen Stil Snacks – insbesondere Chips aus Kartoffeln und Mais (Ruffles, Doritos, Cheetos).

PepsiCo setzt bei der Expansion in Entwicklungsländer, ähnlich stark wie Nestlé und Unilever, auf die Erschließung ärmerer Käuferschichten. Begrenzt kooperiert das Unternehmen (z.B. in Indien und Äthiopien) mit Kleinbauern als Zulieferern.

### Kellogg

Die US-Firma zählt zu den größten Herstellern von Getreideprodukten (insbesondere Frühstücksflocken). 2012 kaufte Kellogg von Procter & Gamble die Marke Pringles und stieg so in das Geschäft mit salzigen Snacks ein. Seine stark zuckerhaltigen Frühstückszerealien reichert das Unternehmen künstlich mit Vitaminen und Mineralstoffen an.

Kellogg, dessen Umsätze in Industrieländern sinken, zielt seit langem auch auf die Mittelschichten in Schwellen- und Entwicklungsländern. In Südafrika ist das Unternehmen seit langem stark präsent; seit kurzem expandiert es in Ostafrika (Kenia).

In Indien hatte Kellogg zunächst große Probleme mit den Frühstücksgewohnheiten der Konsumenten: Inder essen zum Frühstück gern in Butter gebratene *Parathas* (Fladenbrot) oder *Vada* (in Öl gebackene Küchlein aus Linsen, Chili, Zwiebeln und Curry); dazu trinken sie gesüßte heiße Milch. Kellogg entschloss sich deshalb, in Indien Zerealien in kalter Milch als gesundes zweites Frühstück zu bewerben. Empfohlen wird, statt Cornflakes, das Produkt Frosties mit 37 Prozent Zucker, der sich in der Milch löst.

### Yum! Brands

Das amerikanische Fastfood-Unternehmen betreibt vor allem die Ketten KFC, Pizza Hut und Taco Bell mit insgesamt 42.500 Schnellrestaurants. KFC und Pizza Hut sind berüchtigt für ihre »All you can eat«-Kampagnen.

In China betreibt Yum! Brands inzwischen 6.700 Restaurants (die es 2016 in ein separates Unternehmen ausgliederte); in Indien mit seinen noch eher traditionellen Essgewohnheiten sind es 840 Restaurants. In Südafrika gibt es 711 Restaurants der Marke KFC, die nicht nur von der Mittelschicht, sondern auch von Teilen der armen Bevölkerung frequentiert werden. 80 Prozent seines Wachstums erzielt Yum! Brands inzwischen in Schwellen- und Entwicklungsländern (Yum! Brands 2015).

### McDonald's

Die amerikanische Burger-Kette unterhält weltweit derzeit 36.500 Restaurants – davon in China mehr als 2.000, in Mexiko und den Philippinen je über 400, in Indien rund 250, in Südafrika 200 und in Guatemala 76. Das Unternehmen, das berüchtigt ist für seine »Super Size«-Kampagnen, kämpft in den Industrieländern mit sinkenden Gästezahlen. Von 2014 bis 2015 sank der weltweite Umsatz von 28,1 Milliarden auf 25,4 Milliarden US-Dollar. Insbesondere in Indien steht das Unternehmen in der Kritik zivilgesellschaftlicher

Organisationen; diese wenden sich gegen eine »Amerikanisierung« nationaler Essgewohnheiten.

## 2.2 *Big Food* braucht neue Märkte

Die Konzerne gestalten ihre Produkte strikt nach dem Kriterium, dem sie (auch gesetzlich) verpflichtet sind: dem *shareholder value*, dem Nutzen für die Anteilseigner. Die Unternehmen wollen und müssen nachhaltig maximalen Gewinn erzielen. Ihre Produkte müssen deshalb möglichst vielen Menschen in möglichst großen Mengen schmecken; sie müssen haltbar, leicht transportabel und mit möglichst geringem Aufwand konsumierbar sein; sie müssen aus möglichst billigen Rohstoffen in möglichst billigen Verfahren zusammensetzbar sein.

Das heißt nun nicht, dass alle *Big-Food*-Produkte schlecht sind. Viele enthalten in kleinen Mengen, was der Körper in kleinen Mengen braucht, was ihm in größeren Mengen aber schadet: Zucker, Salz, auch gesättigte Fettsäuren. Die besseren *Big-Food*-Produkte enthalten – in den Grenzen, die die Technik setzt – durchaus vielfältige, nährstoffreiche und damit für die Gesundheit wichtige Zutaten: Proteine, Ballaststoffe, Vitamine und Mineralstoffe in natürlich vorkommender Form. Diese teurer herzustellenden Produkte jedoch werden entsprechend teuer verkauft; sie sind für zahlungskräftige Konsumenten bestimmt.

Die für die breite Bevölkerung hergestellten, vielfach verarbeiteten Nahrungsmittel indes sind häufig nichts als nährstoffarme Kalorienträger mit viel Salz, Zucker und Fett – die der brasilianische Ernährungswissenschaftler Carlos Monteiro so beschreibt: »Diese Produkte werden aus Substanzen hergestellt, die vollwertigen Nahrungsmitteln entzogen werden: minderwertige Teile von Tieren; billige Zutaten wie raffinierte Getreidestärke, Zucker, Fettsäuren und Öl, Konservierungs- und andere Hilfsstoffe. Diese Produkte werden so gestaltet, dass sie intensiv schmecken und die Appetit-Kontrollmechanismen des Körpers täuschen. Und viele sind, wenngleich legal, tatsächlich Fälschungen – weil sie aussehen und schmecken wie vollwertige Nahrung. Sie werden zudem so gestaltet und verpackt, dass sie lange halten und eine Zubereitung in der Küche nicht erfordern. Diese Produkte können überall sofort oder nahezu sofort konsumiert werden; man braucht dazu nicht einmal Tische, Stühle, Geschirr oder Besteck.« (Monteiro & Cannon 2012, eigene Übersetzung)

Junkfood werden solche Produkte gemeinhin genannt. Es handelt sich um ungesunde »Kalorienbomben«; sie enthalten kaum ungesättigte Fettsäuren; kaum natürlich vorhandene Vitamine, Mineralien oder Ballaststoffe. Trotzdem füllen sie, sorgsam verpackt, heute die meisten Regale des Lebensmittelhandels – in Industrie- wie Entwicklungsländern: lange Reihen von Keksen, Kuchen, Süßigkeiten, Zerealien, Getränkepulvern, Mais- und Kartoffelchips; Kühlregale voller mit Zucker gesüßter Joghurts und Softdrinks; Tiefkühltheken voller Burger und Pizzen.

All diese Produkte sind sorgsam konzipiert – nach Kostenkriterien und nach den Bedürfnissen eines Marktes, dem es an kritischem Bewusstsein für Junkfood fehlt. Weniger gesundheitsschädlich wird ein Hersteller seine Produkte nur dann gestalten, wenn er unter Druck gesetzt wird – durch Gesetze oder den Konsumenten.

### Konsumentenkritik in Industrieländern

Tatsächlich setzen Konsumenten in Industrieländern, wo der Markt ohnedies gesättigt ist, *Big Food* neuerdings unter Druck – vor allem in den USA: Immer mehr Amerikaner verweigern sich industriell produziertem Junkfood. Der Umsatz großer Hersteller stagniert; er geht in den USA wie in Europa zurück, desgleichen der Umsatz von Fastfood-Ketten.

Ein wichtiger Grund: Konsumenten in Industrieländern sind heute aufgeklärter und kritischer als noch vor einigen Jahren; sie sind umwelt- und gesundheitsbewusster und misstrauen zunehmend den Produkten der Konzerne. So zeigt sich die große Mehrheit der Amerikaner »sehr« oder sogar »extrem besorgt«, dass ihre Nahrungsmittel Pestizide, Hormone, Antibiotika oder genveränderte Rohstoffe enthalten könnten (Kowitt 2015). Zuckerreiche Softdrinks werden vielerorts aus Automaten in Schulen verbannt; da und dort wird Junkfood bereits mit speziellen Steuern belegt. Zudem greifen die Menschen im Supermarkt immer häufiger zu frischen, in ihrer Region produzierten Bio-Produkten. Deren Verkaufswert verdreifachte sich in den USA von 2004 bis 2013 auf fast 36 Milliarden US-Dollar; das entspricht vier Prozent des Gesamtumsatzes mit Nahrungsmitteln in den Vereinigten Staaten.

Hektisch, aber mit begrenztem Erfolg hecheln die Konzerne dem neuen Trend in den Industrieländern hinterher – mit etwas weniger salzigen und (trans-)fetthaltigen Chips; mit etwas weniger Zucker und stattdessen »grünem« Stevia-Süßstoff in der Cola – oder auch mit dem Aufkauf von Bio-Unternehmen, um mit deren Ansehen das eingetrübte eigene Image aufzufrischen.

## Neue Märkte in armen Ländern

Insbesondere aber versuchen *Big Food* und *Big Fast Food* mit aller Kraft, neue Märkte zu erschließen – in Schwellen- und Entwicklungsländern. Hier sind die Konsumenten weniger aufgeklärt als in Industrieländern und zunehmend erfasst vom bereits erwähnten globalen Ernährungswandel: Sie gönnen sich nur noch wenig Zeit zum Essen und Kochen.

Diesen Wandel nutzt und verstärkt *Big Food*: Die Konzerne stellen industriell hergestellte und verpackte Lebensmittel als hochwertiger dar gegenüber Speisen, die der Konsument aus frischen Zutaten selbst zubereitet. Industrienahrung schmecke besser; sie signalisiere einen modernen Lebensstil; sie erspare Arbeit und Zeit. Hinzu kommt das Argument, verpacktes Essen sei sicherer und hygienischer.

Tatsächlich wächst der Verbrauch an Softdrinks und vielfach verarbeiteten Nahrungsmitteln mit viel Zucker, Fett und Salz heute fast ausschließlich in den ärmeren Ländern. In Ländern mit mittlerem Einkommen – wie China, Brasilien oder Südafrika – haben die Konzerne bereits eine ähnliche Marktdurchdringung erreicht wie in reichen Industrieländern (Monteiro & Cannon 2012).

Dabei stellen die Unternehmen sicher, dass ihre Produkte auch entlegene ländliche Regionen erreichen. »Im Gegensatz zu früheren Forschungsergebnissen korreliert die Urbanisierung heute nicht mehr signifikant mit der Verfügbarkeit von ungesunden Nahrungsmitteln (mit der Ausnahme von Softdrinks)«, heißt es in einer 2012 in *PLoS Medicine* veröffentlichten Studie (Stuckler et al. 2012).

Ein beeindruckendes Beispiel für die geradezu überfallartige Eroberung eines Entwicklungslandes durch *Big Food* ist Mexiko. Dessen Regierung stand während der so genannten »Tequila-Krise« der frühen 1990er Jahre unter massivem Druck internationaler Finanzinstitutionen, die Märkte des Landes für internationalen Handel und ausländische Investitionen zu öffnen. Auch deshalb unterschrieb Mexiko 1994 das Nordamerikanische Freihandelsabkommen (NAFTA), mit dem eine aus den USA, Kanada und Mexiko bestehende Freihandelszone eingerichtet wurde.

Postwendend explodierten daraufhin die Investitionen amerikanischer Nahrungsmittelkonzerne in Mexiko. Allein 1999 investierten sie 5,3 Milliarden US-Dollar, mehr als 25-mal so viel wie 1987 – mit durchschlagendem Erfolg: Der Konsum von Softdrinks in Mexiko verdoppelte sich zwischen 1992 und 2002 nahezu – von 275 auf 487 Getränke pro Jahr und Kopf; im Jahr 2000 wurde Vicente Fox, bis dahin Chef von Coca-Cola in Mexiko, Staatspräsident.

Bis in die jüngste Zeit verdiente *Big Food* außerordentlich gut in Mexiko: 2012 verbuchten die Produzenten hochverarbeiteter Nahrungsmittel dort mehr als 28 Milliarden US-Dollar an Profiten, fast die Hälfte mehr als in Brasilien, der größten Volkswirtschaft Lateinamerikas (GRAIN 2015).

**Kasten 2:**
**Ernährungswandel in Guatemala**

In Samác, einem Maya-Dorf mit 2.000 Einwohnern nahe der Stadt Cobán in Guatemalas Provinz Alta Verapaz, lebt die schon in Kapitel 1 vorgestellte Bäuerin Maricella Sarab Coy. Ihr Mann ist Mitglied einer Kaffeebauern-Kooperative, deren Geschäft recht gut läuft; sie verkauft Kaffee sogar nach Italien. Maricella sammelt noch täglich Feuerholz, entkörnt Maiskolben, mahlt Mais, weicht Bohnen ein, kocht sie auf der Feuerstelle, bereitet *Tortillas* oder *Tamales*, mit Bohnen und bisweilen Hühnerfleisch gefüllte Maisfladen.

Maricellas Schwester Linda Jaxcal lebt in Cobán. Sie kauft im Supermarkt Bohnenkonserven und Maismehl, häufig auch Kekse, Creme-Kuchen und Chips: Ihre Kinder quengeln nach dem Junkfood. Und der Familie schmeckt die attraktiv verpackte Fertignahrung weit besser als ewig nur Mais und Bohnen mit Chili. Gegen den Durst hilft Cola aus der Zwei-Liter-Flasche im Sonderangebot – während es bei Maricella in Samác ein Glas abgekochtes Wasser oder ein Becher Kaffee tun.

Maricella pflanzt an einem Steilhang etwas entfernt vom Haus nicht nur Mais und Bohnen an, sondern auch Gemüse: Paprika, Karotten, Rettiche, Kartoffeln. Gemüse aber isst die sechsköpfige Familie selten; Maricella gibt das Meiste ihrer Nachbarin Ana Pacay, die es auf dem Markt in Cobán verkauft – an Frauen der Mittel- und Oberschicht. Ana betreibt zudem im Dorf eine kleine *tienda*, wo Rigoberto und Alfredo, Maricellas neun- und zehnjährige Söhne, ihr Taschengeld in Chips der lokalen Marke Tortrix umsetzen – die mittlere Tüte zu 1,25 Quetzales, so viel wie ein Ei. Die in der Sonne metallisch glitzernden Chips-Tüten fliegen überall im Dorf herum.

Rigoberto und Alfredo sind klein für ihr Alter, aber noch schlank und rank. Täglich nach der Schule, zu der sie eine halbe Stunde laufen, müssen die beiden in Mutters Garten Unkraut jäten oder beim Kaffee helfen. »Die Kinder meiner Schwester haben ein besseres Leben«, sagt Maricella. »Morgens fahren sie mit dem Bus zur Schule, mittags zurück; daheim dürfen sie fernsehen.« Und sonntags gehe Lindas Familie in ein Lokal der guatemaltekischen Fast-Food-Kette *Pollo Campero*. Da gebe es knusprig in Fett gebackene Hühnchen.

**Kasten 3:**
**Ernährungsalltag in den Straßen New Delhis**

Auf einem kleinen Markt an einer Durchgangsstraße Nord-New Delhis verkauft der alte Suresmal Bananen (das Dutzend zu 60 Rupien, 84 Euro-Cent), Papaya (40 Rupien/Kilogramm), Mango (80 Rupien/Kilogramm) und Wassermelonen (30 Rupien/Kilogramm). »Die meisten meiner Kunden kommen aus dem Reichenviertel dort drüben«, sagt Suresmal und deutet auf gepflegte Mietshäuser inmitten von Bäumen.

Auf der anderen Straßenseite liegt Pilanji – schäbige, achtstöckige Mietskasernen, in denen zumeist Familien von Tagelöhnern wohnen. »Die kaufen selten Gemüse«, sagt der Straßenhändler, »höchstens mal Zwiebeln zu 25 Rupien das Kilo.« Die in Indien sehr beliebten bitteren Kürbisse oder Okra, eine aus Ostafrika stammende Gemüsepflanze, leisten sich Bewohner von Pilanji fast nie.

Immer wieder kommen ausgemergelt wirkende Männer aus dem Gassengewirr der Siedlung und kaufen bei Vishal, Suresmals Standnachbarn, eine oder zwei Zigaretten – zu zehn Rupien das Stück. Vishal hat auch Fundooz-Joghurt von Danone (80 Gramm im rosa Plastikbecher zu zehn Rupien), Britannias Tiger-Kekse (vier Stück zu drei Rupien) sowie Coca-Cola-, Sprite- und Fanta-Dosen im Sortiment.

Nebenan qualmt es: Die Straßenhändlerin Kashmira Begum brät in fast schwarzem Öl *Khasta kachori* – traditionelle Küchlein, gefüllt mit Kartoffeln und Curry; diese fetttriefenden »Kalorienbomben« füllen, für je 15 Rupien, weit besser den Bauch als Obst und Gemüse. Vier Kinder stehen derweil Schlange beim alten Kopalsharan. An diesem drückend heißen Maitag interessieren sich die Kinder weniger für Chips, die bündelweise an jedem zweiten Stand hängen, sondern weit mehr für Kopalsharans Eisspezialitäten.

Recht günstig ist *Chuski*, grell rot-grünes Wassereis mit süßem Fruchtgeschmack – der schnapsglasgroße Becher für fünf, der whiskyglasgroße für zehn Rupien. Zehn bis 25 Rupien aus ihrer Taschengeldkasse müssen die Kinder für das (betäubend wohlschmeckende) *Kulfi* opfern – süßes Milcheis mit Pistazien und Kardamom, das schon Konditoren am Hof der Mogule vor zwei-, dreihundert Jahren zubereiteten.

Europäisches Junkfood habe Indien noch nicht so durchdrungen wie China und Lateinamerika, sagt in ihrer Hochhauswohnung die Kinderärztin und Ernährungsexpertin Vandana Prasad, eine führende Aktivistin der Right for Food Campaign. Indien verfüge über eine grandios reiche Vielfalt traditioneller Delikatessen. Viele seien sehr kalorien-, aber auch nährstoffreich. Diese Speisen bedürfen allerdings oft aufwändiger Zubereitung und befinden sich deshalb auf dem Rückzug. PepsiCo-, Nestlé- oder Mondelēz-Snacks seien auf dem Vormarsch, sagt die Ärztin. Besondere Sorge machen ihr auch zahllose Nachahmerprodukte der lokalen Industrie – Snacks mit teils hochgefährlichen Billigzutaten; immer wieder komme es zu Massenvergiftungen.

**Kasten 4:**
**Junkfood-Alltag in Südafrika**

Das in hohem Maße urbanisierte Südafrika ist vom globalen Ernährungswandel besonders stark betroffen. In der Kap-Republik sind allein zwischen 2005 und 2010 die Verkäufe von süßen Riegeln und Fertigmahlzeiten um 40 Prozent gewachsen; hier werden jährlich 254 Coca-Cola-Getränke pro Kopf konsumiert - dreimal so viel wie im globalen Durchschnitt (Igumbor et al. 2012)

Sowetos Stadtteil Kliptown ist, wie die Innenstädte mancher US-Metropolen, eine Nahrungsmittelwüste: Es gibt in den wenigen, trostlos kahlen Supermärkten fast nur kalorienreiche, aber nährstoffarme Lebensmittel. An Restaurants gibt es nur KFC oder dessen lokalen Billig-Wettbewerber Hungry Lion. Die wenigen Straßenhändler, die frisches Obst und Gemüse anbieten, schweben in steter Gefahr, von der Polizei vertrieben zu werden.

Auch die kioskähnlichen *Spaza* oder *Tuck Shops*, wo die Ärmsten teuer kleinste Mengen auf Kredit bekommen, machen einen trostlosen Eindruck. Händlerin Bongiwe Ngcobo verkauft Kekse aus der 32-Stück-Packung je zu umgerechnet drei Euro-Cent; daneben liegen, in kleinen Plastiktütchen, selbst abgepacktes Fett, Zucker und Mehl. *Tuck Shops* haben den Ruf, oft abgelaufene Ware der Supermärkte aufzukaufen.

Längst werde die Esskultur in Südafrika vom Junkfood dominiert, meint Reverend Monowabisi Mcophela, Leiter einer kirchlichen Selbsthilfe-Organisation in Soweto: »Mein vierjähriger Sohn besucht noch den Kindergarten. Und wenn er Geburtstag hat, muss ich für jedes Kind im Kindergarten ein Päckchen packen – aus genau vorgeschriebenen Mengen Chips, Softdrinks, Süßigkeiten und Kuchen. Und sonntags fordern die Kinder, dass wir Eltern sie ins KFC ausführen.«

Auf den Mauern fast jeder Schule in Soweto prangt der Name eines Softdrinks oder einer Fastfood-Kette, die dafür ein wenig Sponsoring-Geld springen lässt. Das Essen besteht in vielen Schulen fast nur aus klumpigem Mais-Soja-Brei. Kein Wunder, dass sich mittags Dutzende Kinder vor Tischen drängeln, an denen Frauen althergebrachtes und modernes Billigst-Junkfood verkaufen: zerbröselte Chips, die sie aufgekauft und neu abgepackt haben; *Kota* – Weißbrottaschen, gefüllt mit fettigen Fritten und *Atchar*, in Öl und Mangobrei eingelegtem Gemüse. »Ich kann die Frauen nicht einfach fortjagen«, sagt achselzuckend eine Schulleiterin. »Diese Mütter meiner Schüler ernähren mit dem Verkauf ihre Familien.«

Besonders schlimm sei, dass ungesunde Industrienahrung in Südafrika billiger sei als frische Feldfrüchte, Milch, Fleisch, Obst und Gemüse – meint Professor David Sanders, Experte für öffentliche Gesundheit in Kapstadt. In einem Artikel der Fachzeitschrift *PLoS Medicine* schreibt er als Koautor: »Gesündere Nahrungsmittel [...] kosten in Supermärkten, bei gleichem Gewicht, 10 bis 60 Prozent mehr als ungesunde Nahrungsmittel; sie kosten, bei gleichem Energiegehalt, 30-110 Prozent mehr. Ultra-verarbeitete Getreideprodukte und Produkte mit zugefügtem Zucker und Fett zählen zu den billigsten Energiequellen in unseren Supermärkten. Der Konsum von nährstoffarmen Keksen, Margarine und ölhaltigen Snacks ist die effektivste Möglichkeit, kostengünstig Energie zu konsumieren und zugleich neue, variantenreiche Geschmacksrichtungen zu erleben. Nährstoffreiche Nahrung wie mageres Fleisch, Fisch, Obst und Gemüse kostet weit mehr als solche verarbeiteten Nahrungsmittel.« (Eigene Übersetzung, Igumbor et al. 2012)

## 2.3 Basis der Pyramide – Die Erschliessung der Armen als Konsumenten

Neben der Ober- und Mittelschicht in Schwellen- und Entwicklungsländern versucht *Big Food* zunehmend, weniger kaufkräftige Schichten zu erschließen; die Konzerne versuchen, in die so genannte Basis der Pyramide vorzudringen.

Der Begriff »Basis der Pyramide«, den 2004 der indisch-amerikanische Ökonom C.K. Prahalad prägte, bezeichnet heute etwa vier Milliarden Menschen mit einer Kaufkraft von weniger als etwa 2,50 US-Dollar pro Tag. Eine Milliarde extrem arme Menschen, die fast ausschließlich von Subsistenzlandwirtschaft und Tausch leben, gelten als gar nicht erreichbar für konventionelles Marketing.

Die Armen in Entwicklungsländern besitzen, trotz geringer Kaufkraft des Einzelnen, insgesamt eine Kaufkraft von fünf bis sechs Billionen US-Dollar pro Jahr. Davon werden gut 60 Prozent für Nahrungsmittel verwandt. Um die Basis der Pyramide als Kundschaft zu erreichen, müssen Unternehmen spezielle Produkte und Marketingstrategien entwickeln. Und sie müssen, angesichts kleiner Gewinnspannen, große Mengen verkaufen. Das ist nicht einfach; und bis heute verdient *Big Food* mit sehr armer Kundschaft noch relativ wenig Geld.

Als Pioniere bei der Erschließung armer Käuferschichten für die Nahrungsmittelindustrie gelten Unilever, das seit langem in britischen Ex-Kolonien operiert, und Nestlé mit seiner Strategie der besonders günstig erscheinenden *Popularly Positioned Products.*

### 2.3.1 Billige Rohstoffe und kleinste Packungen

Für die arme Bevölkerung bestimmte Nahrungsmittel sollen Menschen erreichen, die wenig Geld haben, keinen Kühlschrank besitzen und sogar das Kochen (wegen der Brennstoffkosten) als teuer erleben. Solche Nahrungsmittel müssen deshalb billig, haltbar und mit möglichst wenig Aufwand konsumierbar sein.

Einige *Big-Food*-Unternehmen haben spezielle Produkte entwickelt, die diese Anforderungen erfüllen. Sie bestehen aus billigsten Rohstoffen – aus, zum Beispiel, mit Palmöl neu aufgebautem Magermilchpulver anstelle von Frischmilch (GRAIN 2011).

Vor Gefahren, die mit dem für Billig-Lebensmittel besonders viel genutzten Palmöl verbunden sind, warnt neuerdings die Europäische Behörde für Lebensmittelsicherheit (EFSA). Palmöl, das billigste Pflanzenöl überhaupt, ist nicht nur ökologisch umstritten. Das Öl enthält auch einen sehr hohen Anteil gesättigter Fettsäuren. Und es entstehen Krebs begünstigende Stoffe, wenn Palmöl auf über 200 Grad Celsius erhitzt wird. Das geschieht regelmäßig, wenn das Öl raffiniert wird, um die rote Färbung zu entfernen und den Geruch zu neutralisieren. Es gibt zwar Verfahren, die mit niedrigeren Temperaturen auskommen; die aber kosten 20 Prozent mehr als die starke Erhitzung und dürften bei der Produktion von Billigst-Nahrungsmitteln in der Regel nicht eingesetzt werden.

Viele Produkte für wenig kaufkräftige Zielgruppen enthalten auch reichlich Konservierungsstoffe, sind vorgekocht und getrocknet. Sie enthalten fast keine natürlich enthaltenen Proteine und Mikronährstoffe mehr, sondern nur »leere« Kalorien.

Außerdem offerieren die Konzerne ärmeren Käuferschichten Markenprodukte, die eigentlich für Mittelschicht-Kunden bestimmt sind, in kleinsten Packungen. Solche Produkte kann auch, wer kaum Geld hat, ab und zu kaufen, zahlt aber pro Mengeneinheit deutlich höhere Preise als Käufer größerer Packungen.

Unilever zum Beispiel verkauft in etlichen Entwicklungs- und Schwellenländern Margarine, die keiner Kühlung bedarf, sowie Salzgebäck und Seife in Mikro-Packungen. Nestlé offeriert indischen Arbeitern und Schülern Maggi Atta Noodles oder Maggi Dal Noodles als schnelles Mittagessen: 100 Gramm mit 722 Kilokalorien und künstlich zugesetzten Mikronährstoffen kosten zehn Rupien, 14 Euro-Cent, und sind fertig zubereitet in zwei Minuten.

Danone berichtet: »2013 hat unsere südafrikanische Niederlassung *Yo Jelly* auf den Markt gebracht, eine neue Marke – inspiriert von einem mexikanischen Produkt namens *Danio*. Als preisgünstiger, nährstoffverstärkter Milch-Snack spiegelt *Yo Jelly* unser Bekenntnis dazu, Produkte anzubieten, die sich sogar die am meisten benachteiligten Konsumenten leisten können.« (Danone 2014) In 100 Milliliter Liter *Yo Jelly* sind enthalten: 20 Prozent Joghurt (aus fettarmer Milch, Maisstärke, Joghurt-Kulturen), 12 Gramm Zucker, Farb-, Geschmacks- und Konservierungsstoffen; Preis: 10 Euro-Cent. Ähnlich viel kosten in Südafrika 100 Milliliter Frischmilch. Diese Milch ist allerdings nur kurze Zeit haltbar, meist nur in Zwei-Liter-Kartons erhältlich und wird kaum beworben.

TetraPak, der (in Schweden gegründete und heute in der Schweiz ansässige) weltgrößte Verpackungskonzern, bemüht sich derweil, immer billigere Verpackungen zu entwickeln. Damit die auch billig gefüllt werden, schlägt TetraPak-Chef Dennis Jönsson seiner Konzern-Kundschaft vor: »Durch die Nutzung von Alternativen zu Vollmilch – wie Molke oder Sauermolke – ist es ebenfalls möglich, nahrhafte und gesunde Milchprodukte zu geringen Kosten herzustellen.« (GRAIN 2011) Eine Alternative wäre, importiertes Magermilchpulver mit preisgünstigem Pflanzenöl zu Milchprodukten zu verarbeiten. TetraPak-Managerin Gisele Gurgel schlägt als weitere Maßnahme der Kostenersparnis explizit vor, arme Käufer durch Unterfüllung von Packungen zu täuschen (Astley 2014b).

Kleinstpackungen sind inzwischen sehr verbreitet bei Süßigkeiten in Indien: Nestlé vertreibt, gezielt an ärmere Kunden, das Schoko-Bonbon Chotu Munch (3,6 Gramm zu zwei Rupien). Der indische Keks-Produzent Britannia verkauft jährlich 30 Milliarden Tiger-Kekse – großenteils in Drei-Stück-Päckchen zu zwei Rupien.

### 2.3.2 Junkfood-Vertrieb in Supermärkten

*Big Food* versucht auch in armen Ländern, seine Produkte möglichst effizient zu vertreiben – am liebsten so wie in Industrieländern: über moderne Supermärkte. Das allerdings funktioniert von Land zu Land unterschiedlich gut. In Südasien haben sich Supermärkte noch kaum etabliert. In den Städten Lateinamerikas sind Supermärkte auf dem Vormarsch, während auf dem Lande weiter traditionelle *tiendas*, kleine Läden, dominieren. Auf den Philippinen konkurrieren zahlreiche lokale Supermarktketten miteinander.

Internationale Supermarktketten spielen bis heute nur in wenigen Entwicklungs- und Schwellenländern eine größere Rolle beim Vertrieb von Nahrungsmitteln:

- Das US-Unternehmen Walmart, das 2015 mit 482,13 Milliarden US-Dollar den höchsten Umsatz aller Unternehmen weltweit erzielte, besitzt 11.600 Filialen. Mit seinen 2.400 Filialen in Mexiko bestreitet Walmart 15 Prozent des mexikanischen Lebensmittelumsatzes; in Brasilien (500 Filialen) und China (430 Filialen) ist Walmart eher schwach aufgestellt.
- Die französische Supermarktkette Carrefour setzte 2015 76,95 Milliarden Euro um; sie betreibt 12.300 Filialen in 35 Ländern – 85 Prozent davon aber in Industrieländern. Anfang 2017 besaß Carrefour in Lateinamerika 952 Filialen, in Asien (vorwiegend Indonesien) 441.
- Der britische Tesco-Konzern erzielte 2015 in 6.800 Filialen einen Umsatz von 62,3 Milliarden britischen Pfund. Tesco ist in Thailand (1.800 Filialen) Marktführer unter den Supermarktketten, in anderen Entwicklungs- und Schwellenländern aber kaum vertreten.
- Die deutsche Schwarz-Gruppe (Lidl, Kaufland) und Aldi Nord/Süd konzentrieren sich völlig auf den Markt in Industrieländern.

### Indien

In Indien konnten sich internationale Supermarktketten wegen starken gesellschaftlichen und politischen Widerstands bis heute nicht durchsetzen. Lokale Ketten erwirtschaften gerade zwei Prozent des Lebensmittelumsatzes; es dominiert der Kleinhandel. Weil dort 250 Millionen Inder arbeiten, genießt der Kleinhandel großen Rückhalt in der Zivilgesellschaft und Politik Indiens. Und nicht zufällig erschweren vielerorts teure und bürokratieintensive Auflagen die Ansiedlung von Supermärkten.

Seit 2012 dürfen nun zwar internationale Unternehmen bis zu 51 Prozent an indischen Supermärkten halten; diese Märkte müssen jedoch 30 Prozent ihres Sortiments von kleinen und mittleren indischen Unternehmen beziehen. Walmart und Carrefour, die sich in den letzten Jahren kurzzeitig in Indien engagierten, haben sich vorläufig wieder zurückgezogen.

### Südafrika

In Südafrika liegt fast der gesamte Einzelhandel mit Lebensmitteln in den Händen weniger einheimischer Supermarktketten. Diese entstanden in den 1960er bis 1980er Jahren, als die Apartheid-Regierung auf Autarkie setzte. Vier große Supermarktketten – Shoprite, Pick 'n Pay, Spar und Woolworth – vereinen heute 60 Prozent des Einzelhandels auf sich. Kleine informelle Läden, die *Tuck Shops* oder *Spaza Shops* genannt werden, fungieren nur noch als Lückenbüßer.

Die oligopolen Strukturen in Südafrikas Lebensmittelbranche werden dadurch verstärkt, dass auch die Produktion in wenigen, meist einheimischen Händen liegt: Den Löwenanteil von Rohstoffen wie Mais und Zucker produzieren wenige Agrarunternehmen. Einzelfarmer liefern diesen Unternehmen zu. Vier große Verarbeitungsunternehmen – Premier Foods, Tiger Brands, Pioneer Foods und Foodcorp – besitzen bei Brot einen Marktanteil von 50-60 Prozent (Igumbor et al. 2012). 2007 wurden mehrere dieser Unternehmen wegen Preisabsprachen zu hohen Geldstrafen verurteilt. Internationale Player dominieren den Markt für verarbeitete Nahrungsmittel nur in Einzelsegmenten – Danone, zum Beispiel, bei verpackten Joghurt-Produkten.

Das Warenangebot der Märkte einer Supermarktkette in Südafrika kann sehr unterschiedlich sein: In Wohnvierteln der Ober- und Mittelschicht wie Sandton/Johannesburg bietet Shoprite der betuchten Kundschaft reich ausgestattete Frischwaren-Theken. Im Shoprite von Kliptown, einem Armenviertel von Soweto, sieht der Besucher Riesenstapel ungekühlter Zwei-Kilo-Würfel Margarine, Back- und Kochfett; Stapel von Fünf-Kilo-Säcken Mais und

Weizenmehl. Daneben lagern Paletten ungekühlten Nutriday-Joghurts von Danone und lange Reihen von Zwei-Liter-Flaschen Coca-Cola.

### 2.3.3 Shakti-Frauen: Informeller Vertrieb von Junkfood

Um in städtischen Slums und teils entlegenen Dörfern arme Konsumenten zu erreichen, müssen Unternehmen zusätzliche Vertriebsstrukturen entwickeln. PepsiCo zum Beispiel kooperiert seit einiger Zeit mit Kiosken in Armenvierteln indischer Städte. In den Fenstern der Kioske konkurrieren jetzt bunte Bündel von PepsiCos »Lehar«-Chips mit Produkten lokaler Konkurrenten.

Ein wichtiger Kanal für den Vertrieb von Nahrungsmitteln und Haushaltsartikeln ist auch der Verkauf von Tür zu Tür. Dabei soll die persönliche Beziehung des Verkaufspersonals zum Kunden auf das Image des Unternehmens und seiner Produkte ausstrahlen (Rangan et al. 2011).

Besonders geeignet für den Vertrieb von Tür zu Tür sind, aus der Sicht der Konzerne, Frauen. Konzeptionelle Grundlagen dafür hat das niederländische BoP Innovation Center entwickelt. In dieser Initiative kooperieren wissenschaftliche Institutionen, Unternehmen der Nahrungsmittelindustrie, GAIN und weitere NGOs – unter ihnen die Interchurch Organization for Development Cooperation (ICCO) und die SNV Netherlands Development Organization.

Das BoP Innovation Center betreibt ein Projekt namens »Women as inclusive business partners«. Es will das Potential armer Frauen weltweit als Produzentinnen, Arbeitnehmerinnen, Kleinhändlerinnen, Ernährungsberaterinnen und Konsumentinnen mobilisieren (BoP Innovation Center 2015). Quasi nebenbei will das Projekt das Ansehen beteiligter Unternehmen fördern. Auch Industriekritiker sollen sehen, dass den Unternehmen das Wohlergehen armer Frauen wichtig ist. Große Projektpartner sind Coca-Cola und Unilever.

Unilever betreibt in Indien ein Projekt mit dem Namen »Shakti«; der Begriff bezeichnet auf Sanskrit die weibliche Urkraft des

Universums: In Kursen werden Frauen Basiswissen über Ernährung und Hygiene sowie Verkaufstechniken und Selbstbewusstsein vermittelt. Sie bekommen ein Startdarlehen in Form eines Grundbestands an Waren, die sie an kleine Geschäfte und von Tür zu Tür verkaufen. Mittlerweile verkaufen 65.000 Frauen Unilever-Produkte in 165.000 Dörfern Indiens. Das »Shakti«-Projekt fördert, so Unilever, soziale Anerkennung und wirtschaftlichen Status von Frauen. Seit einiger Zeit sind auch Männer (derzeit 50.000) einbezogen, die Produkte auf Fahrrädern in umliegende Dörfer bringen. Unilever hat sein »Shakti«-Projekt inzwischen auf Bangladesch, Sri Lanka und Vietnam ausgedehnt; geplant ist eine Ausweitung auch nach Afrika und Lateinamerika.

Coca-Cola vertreibt seine Softdrinks in afrikanischen Ländern wie Tansania über Kleinsthändlerinnen. Der Konzern unterhält in Afrika insgesamt 3.400 »Micro Distribution Centers«; die Hälfte davon wird von Frauen geführt – dies auch deshalb, weil nach Erhebungen des Unternehmens 70 Prozent der Kaufentscheidungen für Coca-Cola-Produkte von Frauen gefällt werden (Coca-Cola 2015). Weltweit hat der Getränkekonzern die »5by20«-Initiative lanciert; danach sollen bis 2020 weltweit fünf Millionen Frauen in den Mikrovertrieb eingespannt werden. Ende 2013 waren es 500.000.

### 2.3.4 Social Business

In einigen Fällen betreibt *Big Food* in Zusammenarbeit mit zivilgesellschaftlichen Organisationen ein so genanntes *social business*. Dies ist ein kommerziell operierendes Projekt, bei dem die Gewinne im Projekt verbleiben. Ein solches Projekt dient zugleich der Selbstdarstellung des Unternehmens in der Öffentlichkeit und der Einführung eines neuen Produkts in einem wenig kaufkräftigen Markt.

Ein Beispiel ist das Projekt Grameen Danone Foods in Bangladesch – ein Joint Venture zwischen Danone und der NGO Grameen des Nobelpreisträgers Mohammed Yunus. Das Ziel des 2006 gegründeten Projekts war es ursprünglich, arme Kinder im ländlichen Bangladesch mit Mikronährstoffen zu versorgen – mittels eines preisgünstigen und künstlich mit Vitaminen und Mineralstoffen angereicherten Joghurtprodukts. So sollte das Projekt die verbreitete chronische Mangelernährung reduzieren. Der Vertrieb erfolgt über nebenberuflich tätige Frauen, *Grameen Ladies*, die von Haus zu Haus gehen. Binnen zehn Jahren sollten 50 Produktionsstätten in Bangladesch entstehen.

Das allerdings gelang nicht: Das Produkt Shokti Doi des Unternehmens stieß auf nur geringe Nachfrage bei Dorfbewohnern in Bangladesch. Diese stellen Joghurt traditionell eher zuhause her; gekaufter Joghurt gilt als Luxusprodukt. Zudem war Shokti Doi zwar ohne Kühlung haltbar, wurde aber nach einiger Zeit bröckelig und flüssig, was die Konsumenten nicht mochten (Bapat 2011).

Hinzu kam: Weil dem Joghurt kein Löffel beigegeben wurde, kam es zu Hygieneproblemen; einem Trinkjoghurt als Alternative verweigerten sich die Konsumenten; außerdem war vielen der relativ zurückhaltend gesüßte Joghurt zu sauer; die Plastik-Alu-Verpackung verursachte hohe Kosten und viel Müll.

Als dann noch die Milchpreise in Bangladesch drastisch stiegen, musste das *social business* Grameen Danone Foods die Packungen verkleinern und den Preis um 60 Prozent erhöhen. Im Laufe der Jahre verwandelte sich Shokti Doi deshalb in ein vorwiegend von der städtischen Mittelschicht konsumiertes Produkt, vertrieben über Supermärkte, Läden und Kioske, beworben im Fernsehen.

Grameen Danone Foods garantiert bis heute etwa 800 *Grameen Ladies* und 300 Milch produzierenden Kleinbauernfamilien ein Zusatzeinkommen; mit dem Ziel jedoch, wesentlich zur Reduktion von Mangelernährung unter armen Kindern in Bangladesch beizutragen, ist das Projekt gescheitert (Humberg 2011).

### 2.3.5 Junkfood-Werbung, die Kinder und Mütter manipuliert

Je schriller, desto besser: Mit aggressiver Werbung auf hausgroßen Leuchttafeln, im Fernsehen, im Radio und aus Lautsprecherwagen wird in Ländern wie Südafrika, Indien und Guatemala grell-bunt verpackte Industrienahrung angepriesen. Dahinter stehen aufwendige Marketing-Konzepte – sorgsam ausgetüftelt von hochkarätigen Experten spezieller Institute der Nahrungsmittel- und Fastfood-Konzerne.

#### Marktforschung

Praktisch alle Nahrungsmittelkonzerne betreiben eigene »Ernährungsinstitute«. Diese identifizieren und analysieren Zielgruppen; sie konzipieren Produkte und deren Vermarktung sowie die Selbstdarstellung der Firma; sie erstellen zu diesem Zweck sozial- und kulturwissenschaftliche Studien.

Danone ist stolz auf Forschungsprogramme wie NutriPlanet, NutriProgress und NutriImpact: »Danone analysiert mit Programmen wie NutriPlanet die Gewohnheiten und gesellschaftlichen Themen von Zielgruppen – unter Nutzung ernährungsbezogener, epidemiologischer, sozioökonomischer und kultureller Daten. So wird sichergestellt, dass Lösungen, die wir erarbeiten, für die betreffenden Gruppen relevant sind.« (Danone 2015a)

Danone hat zum Beispiel untersucht, wie die Nachfrage nach Joghurt und süßen Saucen in südafrikanischen Townships strukturiert ist. Anschließend brachte das Unternehmen den 90 Tage haltbaren Trinkjoghurt Mayo und die sieben Monate haltbare Karamellsauce UltraMel auf den Markt (Danone 2015a).

#### Werbung, die auf Kinder und Mütter zielt

Wer in Südafrika den Fernseher einschaltet, sieht schnell: Über die Hälfte der Fernsehwerbung hier bezieht sich auf Nahrungsmittel mit geringem Nährwert wie Frühstückszerealien, Süßigkeiten und Softdrinks (Igumbor et al. 2012). Die Ernährungsinformationen auf

Verpackungen sind fast immer sehr allgemein gefasst; sie nennen selten genaue Werte und sind überdies sehr klein gedruckt.

Die industrienahe NGO Global Alliance for Improved Nutrition (GAIN) finanzierte 2014 eine Studie mit dem Titel *Marketing Nutrition for the Base of the Pyramid*. Die Studie erklärt, wie man armen Konsumenten in Entwicklungsländern erfolgreich Nahrungsmittel verkauft – am Beispiel von Beikost für Säuglinge.

Die Konsumenten in diesen Ländern seien meist wenig gebildet und wenig kritisch, heißt es in der Studie. Sie seien in ihrem lokalen kulturellen Kontext verwurzelt; prinzipiell aber wünschten sie sich, wie Verbraucher in Industrieländern, Nahrungsmittel, die wenig Zubereitung erfordern und hohen sozialen Status signalisieren. Und Frauen wollten vor allem Produkte, von denen sie glauben, dass sie gut sind für ihre Kinder (Kayser et al. 2014).

*Big Food* und *Big Fast Food* nutzen in ihren Werbekampagnen die Tatsache, dass Kinder ein extrem wichtiges Vehikel für Kaufentscheidungen sind; sie nutzen die Tatsache, dass Mütter ihren Kindern möglichst viel Gutes tun wollen und für sie meist das teuerste Produkt kaufen, das sie sich gerade noch leisten können (Kayser et al. 2014).

Offiziell betonen die Konzerne immer wieder ihre große Zurückhaltung beim Marketing gegenüber Kindern. Tatsächlich aber spielen Kinder und Jugendliche eine überragende Rolle in ihrer Werbung; in Fernsehspots für Junkfood wimmelt es von fröhlichen Kindern, Cartoons sowie bei Kindern beliebten Schauspielern und Sportstars.

McDonald's verbindet seit Jahrzehnten sein Burger-Marketing gegenüber Kindern mit der Figur Ronald McDonald – dem Maskottchen der McDonald's-Kinderstiftung. In Guatemala lockt das Unternehmen Kinder mit Spielzeuggeschenken in seine Filialen; es bildet selig lächelnde und deutlich übergewichtige Kinder mit diesem Spielzeug und vollen Junkfood-Tüten auf Werbe-Postern ab.

Ähnlich übergewichtig sind die Kinder, mit denen Kellogg im indischen Fernsehen wirbt – möglicherweise, um derart wohlgenährtes Aussehen erstrebenswert erscheinen zu lassen. Mondelēz wirbt, ebenfalls in Indien, mit kleinen Mädchen, die glücklich im Kreise ihrer Familie Stück um Stück »Cadbury Dairy«-Schokolade vertilgen. Danone zeigt in Indien und Südafrika Cartoons mit etwa zehnjährigen Jungen, die Abenteuer überstehen müssen, bevor sie aus bunt bedruckten Plastikbechern oder -tüten zuckrigen Glibber in Bonbonfarben (Fundooz, Yo Jelly) schlürfen dürfen ...

## Werbung mit Gesundheitsversprechen

Die Ernährung insbesondere armer Menschen in Entwicklungs- und Schwellenländern ist, wie in Kapitel 1 erläutert, häufig unzureichend. Allzu viele leiden unter chronischer Mangelernährung. Und: Nahrungsmittelrohstoffe in armen Ländern sind häufig belastet mit Krankheitserregern. Verdorbenes oder mit Fäkalien belastetes Gemüse enthält Keime, die in Afrika und Südasien milliardenfach zu Durchfall und in der Folge zu Mangelernährung führen. In Indien werden immer wieder Kinder durch fehlerhaft zubereitetes Schulessen vergiftet. In Bangladesch belastet natürlich vorkommendes Arsen Trinkwasser und Feldfrüchte. In Peru vergiften Abgase einer Erzraffinerie Ackerböden und führen zu meist nie diagnostizierten Krebserkrankungen. Nicht sachgerechte Ernte, Verarbeitung und Lagerung von Mais und Erdnüssen in Afrika, Südasien und Mittelamerika belastet unzählige Menschen mit hochgiftigen Aflatoxinen ...

Solche Probleme zeigen auf, dass betroffene Länder ihre Möglichkeiten verbessern müssen, Nahrungsmittelrohstoffe auf Belastungen hin zu prüfen, sie nährstofferhaltend zu verarbeiten und im Rahmen des Notwendigen hygienisch zu verpacken.

*Big Food* und der Verpackungskonzern TetraPak allerdings propagieren lautstark vielfach verarbeitete und verpackte Industrienahrung als sicherere und gesündere Alternative zu traditioneller Ernährung. Zum Beispiel betreibt TetraPak, zu dessen Kerngeschäft Schulmilchverpackung zählt, weltweit »bei Regierungen Lobbyarbeit dafür, dass sie per Gesetz lokalen Märkten verbieten, Konsumenten weiterhin mit frischer roher Milch zu versorgen« (GRAIN 2012).

Werbeaussagen, dass industriell hergestellte Nahrungsmittel gesundheitsfördernd wirken *(health claims)*, sind in Industrieländern nur sehr eingeschränkt zulässig. In der Europäischen Union (EU) allerdings haben die 2006 eingeführten Regeln für Gesundheitsversprechen in der Nahrungsmittelwerbung nur die schlimmsten Missstände beseitigt: Bis heute darf jeder Hersteller damit werben, dass er seinem Produkt »wertvolle« Vitamine zugesetzt hat – auch wenn es sich um stark zuckerhaltige Cornflakes oder Nougatpaste handelt.

In Schwellen- und Entwicklungsländern werben viele Nahrungsmittelunternehmen hemmungslos mit Gesundheitsversprechen. Als besonders erfolgreich gelten Spots für Kindernahrung, in denen bedrückt wirkende, magere und schmächtige Kinder weinen, weil ihnen diese Nahrung verweigert wird. Im Kontrast dazu tritt dann das hübsche Super-Kind auf: fröhlich, clever, energiesprühend, weil ihm eine liebevolle Mama täglich den Teller mit genau dieser Nahrung füllt.

Das französische Unternehmen Danone hat auch in Industrieländern immer wieder versucht, mit gesetzeswidrigen Gesundheitsversprechen Kunden zu gewinnen, und ist regelmäßig von den Behörden zur Ordnung gerufen worden (GRAIN 2011): 2009 verboten britische Richter eine Werbekampagne für den Danone-Joghurt Actimel: Die Behauptung, dass dieser »probiotische« Joghurt »wissenschaftlich nachgewiesen die Abwehrkräfte von Kindern stärke«, sei irreführend. 2010 weigerte sich die Europäische Behörde für Nahrungsmittelsicherheit (EFSA), Danone grünes Licht zu geben für die Behauptung, Actimel und ein anderer Joghurt namens Activia schützten vor Verdauungsproblemen. 2009, in den USA, und 2012, in Kanada, musste Danone Schadenersatz in Millionenhöhe zahlen, um Rechtsstreitigkeiten zu Behauptungen der Firma beizulegen, ihre (stark zuckerhaltigen) Produkte förderten die Gesundheit.

Dessen ungeachtet wirbt die Firma im südafrikanischen Fernsehen unverdrossen damit, ihr Joghurt Nutriday fördere Kindergesundheit; und sie erzählt indischen Frauen in wissenschaftlich begründet wirkenden Spots, das Produkt Activia beuge Darmstörungen vor. Auch Kelloggs Dreistigkeit kennt in Indien kaum Grenzen: »Special K«-Produkte mit 25 Prozent Zucker werden jungen Frauen als Schlankheitskur angedient: »My Special K is your real friend in weight management journey.«

Ähnlich vermarktet PepsiCo seine »Quaker Oats«-Getreideprodukte in Indien. In den USA hatte PepsiCo u.a. seine Quaker Chewy Granola Bars als »gesund für das Herz« verkauft. Konsumenten verklagten die Firma daraufhin mit der Begründung, das Produkt enthalte (künstlich gehärtete und Herzerkrankungen verursachende) Transfette. Im Juli 2014 erklärte sich PepsiCo bereit, die Transfette aus den Produkten zu entfernen, und übernahm, inklusive der Gerichtskosten, Kosten von insgesamt 2,2 Millionen US-Dollar.

## 2.4 *Big Food* verdrängt traditionelle Ernährungssysteme

Traditionelle Ernährungssysteme in Schwellen- und Entwicklungsländern geraten im Zuge des von *Big Food* angeheizten Ernährungswandels zunehmend unter Druck. Sie werden von den Konzernen und ihren lokalen Nachahmern verdrängt. Immer mehr Menschen greifen zu »modernen« Nahrungsmitteln. Denn diese sehen attraktiv aus und lassen sich ohne viel Zubereitung konsumieren; sie schmecken angenehm; sie vermitteln ein Gefühl von Wohlstand und Status. Immer häufiger sind Industrieprodukte auch billiger als frische Nahrungsmittel – ein Trend, der in Südafrika, wie in den Industrieländern, bereits sehr deutlich ausgeprägt ist.

Zusätzlich beschleunigt wird der Wandel durch eine fortschrittsgläubige und industriefreundliche Haltung unter den Eliten armer Länder. Diese beäugen insbesondere den informellen Nahrungsmittelsektor immer misstrauischer. Der informelle Sektor produziere ineffizient, heißt es; er produziere wenig haltbare, gesundheitsgefährdende und oft langweilig schmeckende Nahrungsmittel von miserabler Qualität; er entziehe sich staatlicher Kontrolle und zahle oft keine Steuern (GRAIN 2011).

In Indien legt sich die vor wenigen Jahren gegründete Food Safety and Standards Authority of India (FSSAI) zwar durchaus mit ausländischen Konzernen wie Nestlé und Kellogg an – dies aber fast nur, wenn es um Schadstoffe wie Pestizide oder Blei in Nahrungsmitteln geht. Im Grunde entsprechen Indiens anspruchsvolle Nahrungsmittelvorschriften den Interessen der technisch gut ausgestatteten Konzerne. Würde die FSSAI sie konsequent durchsetzen, würden bis zu 250 Millionen Kleinsthändler und Restaurants von den Straßen des Landes verschwinden. Und seitens der wachsenden Mittelschicht wächst der politische Druck, den Einkauf in sauberen Supermärkten und das Speisen in hygienischen Restaurants als Norm tatsächlich durchzusetzen (Patnaik 2015).

Begehrlich blickt die Nahrungsmittelindustrie auch auf die öffentliche Verteilung von Nahrungsmitteln in Indien, im Zuge derer jährlich Produkte im Wert von rund 30 Milliarden Euro an Bedürftige ausgegeben werden. 2007/08 versuchte der Verband der Kekshersteller in Indien, das warme Mittagessen an den Schulen des Landes durch mit Mikronährstoffen angereicherte Kekse zu ersetzen. Federführend dabei war Vinita Bali, seinerzeit Chefin von Britannia, dem größten Nahrungsmittelkonzern Indiens, heute Verwaltungsratsvorsitzende der industrienahen NGO GAIN. 45 Abgeordnete des nationalen Parlaments unterzeichneten damals eine Petition, nach der das an Schulen gekochte Essen nicht nahrhaft und hygienisch genug sei; Kekse seien besser für die Kinder. Nur massiver Protest zivilgesellschaftlicher Organisationen wie der Right to Food Campaign verhinderte, dass Indiens Regierung den Vorschlag umsetzte.

Auch in Afrika verdrängen Industrieprodukte zunehmend Nahrungsmittel aus einheimischer Produktion und vernichten so die Existenzgrundlage der Produzenten. Ein Beispiel: Nach Recherchen des deutschen katholischen Hilfswerks Misereor bedroht die aggressive Danone-Expansion mit verarbeiteten Milchprodukten in Burkina Faso die Existenz lokaler Familien, die Milchvieh halten. Bisher sichern die Frauen durch Frischmilchverkauf den Unterhalt der Familien (Misereor 2015).

Über die Situation in Ländern wie Brasilien, Indien und China schreibt Carlos Monteiro, Professor für Ernährungswissenschaft und öffentliche Gesundheit an der Universität von São Paulo: »In solchen Ländern ist es Strategie der Unternehmen, ihre Produkte durchzusetzen, indem sie lang etablierte traditionelle Ernährungssysteme verdrängen. Dies wirkt sich nicht nur auf Ernährung und Gesundheit der Menschen aus. Snacks ersetzen auch zusehends ordentliche Mahlzeiten; familiäres und kommunales Leben wird so untergraben; lokale Nahrungsmittelproduzenten, Händler und Gaststätten verlieren ihr Geschäftsgrundlage; soziale Netzwerke kollabieren; regionale kulturelle Identität erodiert.« (Monteiro & Cannon 2012)

### Begrenzte Kooperation mit Vertragsbauern

Immerhin: Etliche internationale Nahrungsmittelkonzerne produzieren, um Kosten zu sparen, nahe am lokalen Markt: Nestlé, Unilever, Mondelēz und PepsiCo besitzen Fabriken in Indien, sie kooperieren mit lokalen Zulieferern, Abfüllern und Lizenznehmern.

In begrenztem Ausmaß kooperieren die Konzerne auch mit lokalen Kleinbauern. Da diese professionell produzieren und die Standards der Unternehmen einhalten müssen, werden sie zunächst geschult. Dies geschieht oft im Rahmen von Partnerschaften mit internationalen Hilfsorganisationen.

PepsiCo zum Beispiel betreibt in Äthiopien, gemeinsam mit dem Welternährungsprogramm WFP und der amerikanischen Behörde für Entwicklungshilfe US-AID, seit 2011 das Projekt EthioPea. Es unterstützt 10.000 Kleinbauern beim Anbau protein- und mikronährstoffreicher Kichererbsen. Die Kichererbsen sind Grundbaustein einer neu entwickelten Beikost für sechs bis 23 Monate alte Kinder. PepsiCo kauft auch, in Indien und Vietnam, einen großen Teil seiner Kartoffeln für Chips von Vertragsbauern.

In Ägypten bildet derweil Danone, gemeinsam mit Care International, Milchproduzenten aus und hilft ihnen, sich in Kooperativen zu organisieren. Nestlé bezieht in mehreren Ländern Asiens und Afrikas Milch von Kleinbauern; Mars kauft in großem Stil Kakao von westafrikanischen Vertragsbauern.

Solche Kooperation wirkt sich auf die Ernährung der betroffenen Gesellschaften ambivalent aus: Einerseits erhöht die Zusammenarbeit das Einkommen der Bauernfamilien; andererseits bauen viele Bauern jetzt nicht mehr Rohstoffe für die Ernährung ihrer Familien und den lokalen Markt an, sondern liefern Rohstoffe für Junkfood.

Die in Soweto lebende Anna Matsidisu ist schwer zuckerkrank. Anna und ihr Mann Jacob sammeln Softdrink-Flaschen und verkaufen sie an eine Recycling-Firma.

# 3. Junkfood tötet

## Die Pandemie von Übergewicht und Diabetes

Der rapide zunehmende Junkfood-Konsum in armen Ländern hat dramatische Folgen für die Gesundheit der Menschen. Explosionsartig verbreiten sich Übergewicht und Fettleibigkeit – insbesondere auch bei Kindern. Jeder elfte Erwachsene weltweit ist inzwischen zuckerkrank. Gesundheitsversorgung und Wirtschaft der betroffenen armen Länder sind damit völlig überfordert.

### Pandemie von Übergewicht und Fettleibigkeit

Übergewicht und Fettleibigkeit haben in den vergangenen 40 Jahren in allen Ländern der Erde zugenommen und nehmen weiter zu (Ezzati et al. 2016). Der Anteil der Übergewichtigen an der Weltbevölkerung hat sich allein zwischen 1980 und 2008 verdoppelt. Heute sind etwa 39 Prozent der Erwachsenen übergewichtig oder gar fettleibig. Das sind rund zwei Milliarden Menschen. In Ländern wie den USA, Chile und Mexiko haben heute fast sieben von zehn Erwachsenen Übergewicht (vgl. Tab. 3); in Südafrika gelten 42 Prozent der Frauen zwischen 20 und 49 Jahren als fettleibig.

Eine Anmerkung: Die jedem Einzelfall gerecht werdende Definition von Übergewicht gibt es nicht. Die WHO definiert als Übergewicht einen Body Mass Index (BMI) von über 25, als Fettleibigkeit einen BMI von über 30. Der BMI wird definiert als das Körpergewicht in Kilogramm, geteilt durch das Quadrat der Körpergröße in Metern.

Von Übergewicht betroffen sind zunehmend auch Kinder. Eine Untersuchungskommission der Weltgesundheitsorganisation

WHO stellt fest: Die Zahl der übergewichtigen Kinder weltweit hat von 1990 bis 2014 um ein Drittel zugenommen; in Afrika hat sie sich sogar nahezu verdoppelt – von 5,4 Millionen auf 10,3 Millionen. Und die Zahlen steigen weiter. Inzwischen sind weltweit fast so viele Kinder übergewichtig wie akut unterernährt: rund 41 Millionen. 2025 dürften 64 Millionen Kinder übergewichtig sein (WHO 2016a). Und die meisten der betroffenen Kinder stammen schon heute aus Entwicklungs- und Schwellenländern (Black et al. 2013). In Mexiko ist jedes dritte Schulkind übergewichtig, in etlichen arabischen Ländern mit extrem hohem Zuckerkonsum sind es inzwischen rund 20 Prozent der Kinder unter fünf Jahren.

*Tabelle 3: Prozentualer Anteil der Erwachsenen mit Übergewicht (BMI über 25) / Fettleibigkeit (BMI über 30) in ausgewählten Ländern 2015*

| | |
|---|---|
| Deutschland | 54,8/20,1 |
| USA | 67,3/33,7 |
| Indien | 22/4,9 |
| Guatemala | 52/18,6 |
| Südafrika | 53,9/26,8 |
| Mexiko | 64,4/28,1 |
| Libyen | 68,7/33,1 |
| Qatar | 78,1/42,3 |

Quelle: IFPRI (2016).

Kein Wunder, dass die WHO Alarm schlägt: Die Fettleibigkeit bei Kindern nehme »in vielen Ländern dramatische Ausmaße an«, stellt die Untersuchungskommission der für eher zurückhaltende Einschätzungen bekannten UN-Organisation fest. Und sie zeigt sich beunruhigt, dass übergewichtige Kinder häufig unter Störungen der Skelett- und Muskelentwicklung leiden, bisweilen auch an Atemstillstand im Schlaf. Das Risiko dieser Kinder für Diabetes und Herz-Kreislauf-Erkrankungen im Erwachsenenalter sei drastisch erhöht. Hinzu kommen psychische Probleme: geringes Selbstwertempfinden, das Erlebnis sozialer Ausgrenzung, Schulprobleme und in der Folge Depressionen.

### Pandemie von Diabetes

Einhergehend mit der Ausbreitung von Übergewicht und Fettleibigkeit erlebt die Welt seit einigen Jahrzehnten eine Pandemie von Herz-Kreislauf-Erkrankungen und Diabetes. In Südasien leidet bereits ein Drittel der städtischen Bevölkerung an einem metabolischen Syndrom – einer Kombination aus viel Bauchfett, hohem Blutdruck und problematischen Blutwerten bei stark erhöhtem Diabetes-Risiko (Denis 2015).

Die Zahl der Diabetiker (zu 90 Prozent Typ 2) hat sich weltweit zwischen 1980 und 2016 nahezu vervierfacht – von 108 Millionen auf 422 Millionen. Waren 1980 noch 4,7 Prozent der Erwachsenen betroffen, sind es heute mehr als 8,5 Prozent. Fast jeder elfte Erwachsene ist Diabetiker (Ezzati 2016). Und: 80 Prozent dieser Diabetiker leben inzwischen in Entwicklungs- und vor allem Schwellenländern wie Indien, China, Mexiko oder Südafrika.

In Indien wuchs die Zahl der Zuckerkranken von 1990-2013 um 123 Prozent – auf 9,5 Prozent der Erwachsenen. In China lag die Diabetes-Rate 1980 noch bei unter einem Prozent. 2010 waren 8,6 Prozent der Erwachsenen Diabetiker; das sind 110 Millionen Menschen. In Südafrikas westlicher Kapprovinz hat sich die Diabetesrate zwischen 1990 und 2008 in einigen Altersgruppen verdreifacht. Auch bei südafrikanischen Kindern ist der Typ-2-Diabetes rapide auf dem Vormarsch. 2015 starben nach Statistiken der International Diabetes Foundation in Deutschland 55.000, in Indien 1,03 Millionen und in China 1,3 Millionen Menschen aufgrund von Diabetes.

Experten halten es für extrem unwahrscheinlich, dass sich der Anteil der Diabetiker an der Weltbevölkerung bis 2025 stabilisieren lässt – obwohl die WHO dies offiziell zum Ziel erklärt hat. Im Gegenteil: Die Zahl der Diabetiker dürfte 2025 sogar 700 Millionen erreichen und weiter steigen. Die International Diabetes Foundation schätzt, dass sich der Anteil der Diabetiker an der erwachsenen Weltbevölkerung zwischen 2013 und 2035 von 8,3 auf zehn Prozent erhöhen wird. Eine Stabilisierung wird allenfalls für Teile Europas und Kanada erwartet, keinesfalls aber für jene Regionen, wo die Zahl der Zuckerkranken seit Jahrzehnten am stärksten wächst: eben in Afrika, Indien und China (Ezzati 2016, vgl. Tab. 4).

*Tabelle 4: Prognostizierte Zunahme der Anzahl an Diabetikern nach Weltregion von 2013 bis 2035*

| | |
|---|---|
| Afrika | 109,1 |
| Naher Osten und Nordafrika | 96,2 |
| Südostasien | 70,6 |
| Süd- und Zentralamerika | 59,8 |
| Westpazifik | 46 |
| Nordamerika und Karibik | 37,3 |
| Europa | 22,4 |

Quelle: International Diabetes Federation.

Inzwischen entfallen die meisten der jährlich rund fünf Millionen Todesfälle infolge Diabetes und erhöhten Blutzuckers auf Schwellen- und Entwicklungsländer; zahllose Menschen dort siechen jahrelang mit Diabetes-Folgeschäden wie Herz-Kreislauf-Problemen, Schlaganfällen oder Amputationen dahin – meist ohne ärztliche Behandlung. Das chronisch unterfinanzierte öffentliche Gesundheitswesen in den genannten Ländern nämlich konzentriert sich regelmäßig fast ausschließlich auf akute Erkrankungen. So ist es mit der Diabetes-Pandemie völlig überfordert: In Mexiko ist inzwischen der Typ-2-Diabetes die zweithäufigste Todesursache. In China weiß nur jeder dritte Diabetiker, dass er krank ist; nur jeder vierte wird (meist völlig unzureichend) behandelt (Xu et al. 2013).

## Wichtigste Ursache: Zu viel Zuckerkonsum

Die weltweite Pandemie von Diabetes lässt sich zu einem geringen Teil auf das Bevölkerungswachstum und das Altern der Weltbevölkerung zurückführen. Wichtigste Ursache aber seien eindeutig grassierendes Übergewicht und Fettleibigkeit, sagen einhellig die Experten: Der Einzelne konsumiere mehr Kalorien, als er verbrauche. Genetische Veranlagung (auch ganzer Ethnien), Stress, Bewegungsmangel und spezielle Erkrankungen könnten die Neigung zu Übergewicht und Diabetes verstärken, spielten aber in der Regel eine untergeordnete Rolle (WHO 2016b).

Derweil deutet vieles darauf hin, dass, mehr noch als Fett und Stärke, Zucker der Hauptschuldige ist. Geringe Mengen des süßen Stoffes braucht der Mensch, um insbesondere sein Gehirn in Gang zu halten. 25 Gramm der Nahrung zugesetzten Zucker pro Tag empfiehlt die WHO; 50 Gramm sollten jedoch keinesfalls überschritten werden.

Ein hoher Konsum mit Zucker gesüßter Getränke und Nahrungsmittel bringt den Insulin-Stoffwechsel durcheinander. Und neue Forschungsergebnisse legen nahe, dass Zuckerkonsum nicht nur fett macht; er fördert auch unabhängig von der Gewichtszunahme Diabetes (Mozaffarian 2016). Eine großangelegte Studie der Universität Cambridge kommt zu dem Ergebnis: »Erhöhter täglicher Konsum von mit Zucker gesüßten Getränken war verbunden mit einem erhöhten Vorkommen von Typ-2-Diabetes – und zwar um 18 Prozent pro Getränk.« (Imamura et al. 2015)

Solche Studienergebnisse beweisen zwar noch nicht, im streng wissenschaftlichen Sinn, einen Kausalzusammenhang zwischen Zuckerkonsum und Diabetes; aber sie schließen vernünftige Zweifel daran nahezu aus. Und wenn der Zusammenhang besteht, beruhen rechnerisch zwischen 2010 und 2020 rund zwei Millionen Diabetes-Fälle allein in den USA auf dem Konsum mit Zucker gesüßter Getränke, also vor allem dem Konsum von Softdrinks wie Coca-Cola (Imamura et al. 2015).

Die Studie der Universität Cambridge belegt auch, dass der Verbraucher sein Diabetes-Risiko nicht dadurch verringern kann, dass er mit Süßstoff gesüßte Softdrinks konsumiert: »Erhöhter Konsum künstlich gesüßter Getränke um ein Getränk pro Tag war verbunden mit einem um 25 Prozent erhöhten Vorkommen von Diabetes.« (Eigene Übersetzung, Imamura et al. 2015).

Überraschenderweise weisen jüngste Forschungsergebnisse nach, dass der Konsum zuckriger Softdrinks auch autoimmune Formen der Zuckerkrankheit, also Typ-1-Diabetes, fördert: »Unsere Forschungsergebnisse deuten darauf hin, dass die negativen Auswirkungen auf die Gesundheit, die mit hohem Konsum gesüßter Getränke einhergehen, auch autoimmune Diabetes-Formen umfassen.« (Löfvenborg et al. 2016)

*Tabelle 5: Zuckerverbrauch pro Kopf 1962 und 2015/16 in Kilogramm in ausgewählten Regionen und Ländern*

| | |
|---|---|
| Welt | 15,9/24,8 |
| Europa | 30,7/37,8 |
| Südamerika | 31/51,3 |
| USA | 33,9/44,1 |
| Asien | 5,3/19,9 |
| Afrika | 9,5/17,8 |
| China | 2,6/12,5 |
| Brasilien | 34,3/60,5 |
| Thailand | 4,9/51,3 |
| Südafrika | 39,6/46 |
| Ägypten | 14,1/39,8 |
| Indien | 5,7/26,3 |

Quelle: Wirtschaftsvereinigung Zucker/Statista.

Kein Wunder, dass Übergewicht und Diabetes insbesondere in Ländern grassieren, wo die Menschen in großen Mengen Zucker konsumieren (vgl. Tab. 5 u. 6). Die Bürger Mexikos überschreiten die empfohlene Maximalaufnahme an Zucker schon mit ihrem Konsum an kohlensäurehaltigen Softdrinks: 160 Liter pro Kopf und Jahr (WHO 2015d). 10,7 Prozent der Erwachsenen in Mexiko sind denn auch Diabetiker. Ähnlich hoch liegt die Rate in Süd- und Ostasien. Dort sind die Menschen zwar weniger fettleibig als in Mexiko; ihr Zuckerverbrauch jedoch hat sich in den letzten Jahrzehnten vervielfacht – was, in verhängnisvoller Weise, mit genetischen Faktoren zusammengewirkt haben könnte. Die dramatischste Zunahme von Übergewicht und Diabetes schließlich verzeichnen arabische Länder und die Inselstaaten Polynesiens und Mikronesiens. Dort, wo mancherorts jeder dritte Erwachsene zuckerkrank ist, dürfte ebenfalls, neben hohem Zuckerkonsum, Veranlagung eine Rolle spielen.

*Tabelle 6: Vorkommen von Typ-2-Diabetes bei Erwachsenen in Prozent 2015 (ermittelt auf der Basis von Daten der WHO)*

| | |
|---|---|
| Deutschland | 6,2 |
| USA | 8,4 |
| China | 9,5 |
| Indien | 9,5 |
| Brasilien | 7,8 |
| Guatemala | 10,5 |
| Mexiko | 10,7 |
| Südafrika | 12,9 |
| Libyen | 27,0 |
| Qatar | 23,0 |

Quelle: IFPRI (2016).

Besonders besorgniserregend erscheint vor diesem Hintergrund eine Schätzung der Organisation für wirtschaftliche Zusammenarbeit und Entwicklung (OECD). Danach wird der Zuckerkonsum in Entwicklungsländern zwischen 2014 und 2024 um weitere 30 Prozent steigen, in den Industrieländern um 4,4 Prozent (FAZ 2015).

## Mangelernährte Menschen werden leichter übergewichtig und zuckerkrank

Besonders schnell wächst die Zahl der Fälle von Fettleibigkeit und Diabetes auch in Ländern mit hohen Raten an chronischer Mangelernährung. Warum?

Erstens wächst der Konsum von Junkfood dort deutlich schneller als in Industrieländern, wo der Markt weitgehend gesättigt ist. Zweitens nimmt in Entwicklungsländern die Zahl der Diagnosen zu, weil mehr Menschen als früher überhaupt zum Arzt gehen.

Hochwirksam, aber bislang wenig beachtet ist ein dritter Faktor: In der Kindheit chronisch mangelernährte Menschen werden leichter fettleibig und bekommen auch leichter die Folgeerkrankungen als nicht mangelernährte Menschen. Der britische Epidemiologe David Barker fand in den 1980er Jahren heraus: Menschen mit niedrigem Geburtsgewicht haben ein erhöhtes Risiko, später übergewichtig zu werden und an Bluthochdruck, Herzinfarkt, Schlaganfall oder Diabetes zu erkranken. Ein am Anfang seines Lebens, also auch schon als Embryo, unzureichend mit Nahrung versorgter Mensch passt sich an; er programmiert sich quasi darauf, im späteren Leben Nahrung optimal zu verwerten. Die Folge: Dieser Mensch braucht dann nur weniger Kalorien als zeitlebens gut ernährte Menschen, um Übergewicht anzusetzen (Mangge 2009).

Übertragen auf Familien mit hohem Junkfood-Konsum in Schwellen- und Entwicklungsländern heißt dies: Die Mangel- und Fehlernährung in solchen Familien erhält ein vielfältiges Gesicht und wird zur mehrfachen Last: Aufgrund chronischen Mikronährstoffmangels anämische Frauen bringen untergewichtige, mangelernährte Kinder zur Welt. Deren chronische Mangelernährung wird durch unzulängliche frühkindliche Ernährung weiter verstärkt. Sie werden *stunted*, das heißt, sie entwickeln ihr körperliches und geistiges Potential nur in stark begrenztem Maße. Erwachsene derselben Familien und mit derselben Vorgeschichte tragen ein erhöhtes Risiko, fettleibig zu werden und Folgeerkrankungen zu bekommen.

»Paradoxerweise deuten diese Forschungsergebnisse darauf hin, dass Armut, nicht höheres Einkommen, ein Schlüssel-Risikofaktor beim Konsum ungesunder Nahrungsmittel sein könnte«, heißt es in einer von *PLOS Medicine* veröffentlichten Untersuchung (Monteiro & Cannon 2012).

Langzeituntersuchungen über viele Jahrzehnte an vom Dritten Reich ausgehungerten niederländischen Bevölkerungsgruppen zeigen zudem: Eine durch Mangelernährung vor der Geburt erworbene Neigung zu Fettleibigkeit und deren Folgeerkrankungen wird vererbt, also an künftige Generationen weitergereicht (vgl. Heijmans et al. 2008).

Damit nicht genug: Vor kurzem kam eine große internationale Studie unter Federführung des Helmholtz-Zentrums München zum Ergebnis, dass auch Übergewicht und Fettleibigkeit zu Veränderungen an fast 200 Stellen des Erbguts führen. »Signifikante Veränderungen fanden vor allem an Genen statt, die für den Fettstoffwechsel sowie für Stofftransport zuständig sind; aber auch Entzündungsgene waren betroffen«; desgleichen Gene, anhand derer sich das Risiko für einen Typ-2-Diabetes vorhersagen lässt (Helmholtz-Zentrum München 2016).

Für die Entwicklungs- und Schwellenländer dieser Welt heißt das: Sie tragen nicht nur das Krankheitsleid, die Behandlungskosten und die Produktivitätsverluste, die aus verbreiteter Mangelernährung dort resultieren. Nein, diese Länder tragen zudem auch den Löwenanteil des Krankheitsleids, der hohen Behandlungskosten und der Produktivitätsverluste, die aus Folgeerkrankungen der Fettleibigkeit resultieren.

Diese Kosten sind gewaltig; sie erreichen Jahr für Jahr wohl mehrere Billionen US-Dollar (IFPRI 2016). Die New Yorker Ernährungswissenschaftlerin Marion Nestle schätzt, dass die wirtschaftliche Belastung durch Folgeerkrankungen der Fettleibigkeit in etlichen armen Ländern schon heute höher liegt als die Belastung durch Mangelernährung (Nestle 2015). Nach Schätzungen des International Food Policy Research Institute (IFPRI) werden sich insbesondere auch in China die volkswirtschaftlichen Verluste durch Übergewicht und dessen Folgeerkrankungen extrem stark erhöhen – von vier Prozent des Sozialprodukts im Jahre 2000 auf neun Prozent 2025 (IFPRI 2016).

## *Big Food* ist verantwortlich

Einen Großteil der Verantwortung für die Folgekosten von Übergewicht in Schwellen- und Entwicklungsländern tragen, vor dem Hintergrund der dargestellten Tatsachen, zweifelsohne *Big Food* und *Big Fast Food*. Die Konzerne sind mindestens »Vektoren« (Monteiro & Cannon 2012) bzw. »Triebkräfte« (Moodie et al. 2013) für die Verbreitung von Herz-Kreislauf-Erkrankungen und Diabetes. Alle Indizien sprechen dafür, dass sie die Pandemie solcher Erkrankungen bewusst in Kauf nehmen – als Kollateralschaden, sozusagen, beim Verkauf ihrer krank machenden Nahrungsmittel und Getränke.

Als Antwort der Nahrungsmittelkonzerne auf diese Feststellung ist regelmäßig das gebetsmühlenartig vorgetragene Argument zu hören, der Konsument könne ja frei entscheiden, was er in welchem Maße esse und trinke. Dieses Argument zieht jedoch gerade in armen Gesellschaften überhaupt nicht – aus drei Gründen:

Erstens werden gerade in Entwicklungs- und Schwellenländern Menschen mit sehr geringem Ernährungswissen raffiniert in den Kauf von Junkfood hineinmanipuliert. Die Konzerne täuschen mit ihrem Marketing insbesondere Müttern und Kindern vor, dass tatsächlich krank machende Produkte gesund seien. Zweitens unterbieten die Konzerne vielfach mit ihren Preisen für billig hergestelltes Junkfood die Preise für gesunde Nahrungsmittel. Auch dies treibt uninformierte und bitterarme Konsumenten in den Kauf von Junkfood. In vielen Supermärkten zum Beispiel südafrikanischer Innenstädte sind gesunde Nahrungsmittel gar nicht mehr erhältlich. Drittens schließlich ist wissenschaftlich längst belegt, dass der Konsum von Junkfood süchtig macht – vor allem der Konsum von Produkten aus bestimmten Kombinationen von Weizen, Fett, Zucker, Salz, Geschmacksverstärkern etc. (vgl. etwa Johnson &

Kenn 2010). Es liegt nahe, dass die Nahrungsmittelkonzerne entsprechende Erkenntnisse nutzen; dass sie, nach dem Vorbild von *Big Tobacco*, Konsumenten bewusst süchtig nach Junkfood machen (Stuckler & Nestle 2012).

Jüngst hat zum Beispiel die deutsche Lebensmittelchemikerin Monika Pischetsrieder bei Tierversuchen festgestellt, dass ein Anteil von 50 Prozent Kohlenhydraten und 35 Prozent Fett – gleichermaßen bei Schokolade und salzigen Snacks – eine Struktur im Vorderhirn, den *nucleus accumbens*, aktiviert – genauso, wie dies Kokain tut. Es wird ein vom Hunger unabhängiges Suchtverhalten ausgelöst, hedonische Hyperphagie: Der Mensch isst weit mehr, als er (ver-)braucht; seine Fähigkeit zur freien Entscheidung ist durch die Rezeptur des Nahrungsmittels eingeschränkt (Pischetsrieder et al. 2014).

Diese in Indien verkauften Billigprodukte der Konzerne Danone, PepsiCo und Britannia sind mit künstlich synthetisierten Vitaminen und Mineralstoffen angereichert.

# 4. Pulverallianz

## *Big Food* und der Kampf gegen Mangelernährung

Junkfood internationaler Nahrungsmittelkonzerne und seiner lokalen Nachahmer macht krank – insbesondere chronisch mangelernährte Menschen in armen Ländern, wie Kapitel 3 belegt. Dessen ungeachtet gehört es zur Marketing-Strategie etlicher Konzerne, als Kämpfer gegen Mangelernährung aufzutreten. Dies birgt erheblichen Nutzen für die Unternehmen:

- *Big Food* kann als Verbündeter von Regierungen, UN-Institutionen, Wissenschaftlern und zivilgesellschaftlichen Organisationen im Kampf gegen Mangelernährung auftreten.
- Die Konzerne können mittels ihrer Finanzen beeinflussen, wie der Kampf gegen Mangelernährung geführt wird (siehe auch Kapitel 6).
- Die Beteiligung am Kampf gegen Mangelernährung verbessert das Image der Konzerne und ihrer Produkte in der Öffentlichkeit.
- Im Ergebnis verkaufen die Unternehmen mehr Nahrungsmittel und Getränke.

Das Problem chronisch Mangelernährter ist: Es fehlt ihnen an Nährstoffen, vor allem Mikronährstoffen, also Vitaminen und Mineralstoffen. In der Entwicklungszusammenarbeit wird intensiv diskutiert, wie Regierungen, die UN und zivilgesellschaftliche Organisationen diesem Mangel begegnen sollen.

## 4.1 Pulvertherapie oder Ursachenbekämpfung

Die medizinische Fachzeitschrift *The Lancet* veröffentlichte 2008 eine von der Bill & Melinda Gates Foundation finanzierte Artikelserie zur Mangelernährung bei Müttern und Kleinkindern. Die, zum Teil der Nahrungsmittelindustrie nahestehenden (vgl. Kap. 6.4), Autoren zeigten auf: Es ist besonders wichtig, Kleinkinder in den ersten 1.000 Tagen, also von der Empfängnis bis zum zweiten Geburtstag, mit Nährstoffen zu versorgen (vgl. The Lancet 2008). In dieser Zeit werden die Weichen für die weitere Entwicklung gestellt.

Die Artikelserie entfaltete eine starke Wirkung auf die internationale Diskussion zum Kampf gegen Unter- und Mangelernährung. Und 2013 legte *The Lancet* nach – mit einer zweiten Artikelserie (Black et al. 2013, The Lancet 2013). Sie war weitgehend von denselben Autoren verfasst und formulierte explizit Prioritäten im Kampf gegen Mangelernährung insgesamt. Dabei unterschieden die Autoren zwei Typen von Maßnahmen: »ernährungsspezifische« und »ernährungssensible« Maßnahmen.

Diese scheinbar nützlich, wissenschaftlich einleuchtend und ethisch harmlos daher kommende Unterscheidung entpuppt sich, wie im Folgenden deutlich wird, als trojanisches Pferd, mittels dessen Träger handfester wirtschaftlicher Interessen die ernährungs- und entwicklungspolitische Strategiediskussion geradezu gekapert haben.

Als »ernährungsspezifisch« gelten technische Maßnahmen, denen eine unmittelbare Wirksamkeit und damit Effizienz zugeschrieben wird. Sie klären zum einen Frauen darüber auf, wie sie ihre Babys ernähren sollten. Besonders wichtig: das ausschließliche Stillen in den ersten sechs Monaten. Zum anderen konzentrieren sich »ernährungsspezifische« Maßnahmen darauf, Menschen mit industriell hergestellten synthetischen (Mikro-)Nährstoffen zu versorgen: mit Proteinen, Folsäure, Eisen, Jod und Kalzium, den Vitaminen A und K, Zink und weiteren Stoffen. Diese synthetischen Mikronährstoffe werden auch Nutrazeutika genannt. Sie werden entweder in Form von Pillen, Pulvern und Tropfen unter die Leute gebracht, oder Grundnahrungsmittel werden damit angereichert. Im Ergebnis lindern bzw. vermeiden »ernährungsspezifische« Maßnahmen also blanke Ernährungsnot; sie kurieren letztlich jedoch nur Symptome: Sie machen Menschen abhängig von Nutrazeutika, anstatt ihnen zu helfen, ihre Ernährung so auf tragfähige Füße zu stellen, dass sie sich natürlich und gesund selbst ernähren können.

Als »ernährungssensibel« gelten den Lancet-Autoren (wie schon das Wort insinuiert) Maßnahmen, die nur indirekt Ernährung beeinflussen und somit als, im Sinne der Effizienz, zweitrangig anzusehen sind. Solche Maßnahmen haben das Ziel, Ursachen von Mangelernährung zu beseitigen und die Versorgung von Menschen mit Mikronährstoffen über eine ausgewogene und gesunde Ernährung sicherzustellen. Dies ist eine komplexe Aufgabe:

- Nicht nur junge Mütter, sondern möglichst alle Menschen müssen über richtige Ernährung aufgeklärt werden.
- Der Zugang armer Menschen zu gesunden Nahrungsmitteln muss verbessert werden – etwa durch Hausgärten oder Subventionen für Eier, Milch, Obst und Gemüse.
- Die Menschen brauchen sauberes Wasser, ordentliche Toiletten und Aufklärung über Hygiene, damit sie aufgenommene Nährstoffe nicht durch ständigen Durchfall verlieren.
- Mädchen und Frauen, die weltweit eine Schlüsselrolle bei der Ernährung ihrer Familien spielen, müssen sozial gestärkt werden.
- Bauern müssen dabei beraten und unterstützt werden, nährstoffreiche Pflanzen anzubauen sowie Nachernteverluste und Pilzbefall zu vermeiden.
- Nicht zuletzt muss, als eine der wichtigsten Ursachen von Mangelernährung, Armut reduziert werden – durch bessere Bildung und Gesundheitsversorgung; durch mehr Arbeitsplätze und soziale Sicherheit.
- Synthetische Nährstoffe werden in diesem Rahmen nur als Übergangsmaßnahme gegen akuten Mangel eingesetzt.

Dieser komplexe Kampf gegen die komplexen Ursachen von Mangelernährung verkörpert den, unumstritten, einzigen Weg, die Ernährung von Menschen langfristig auf gesunde Füße zu stellen. Aber er bedarf eines langen Atems und partnerschaftlichen Vorgehens; er ist mühsam und teuer. Er entspricht also nicht den Maximen einer Entwicklungspolitik, die schnell und billig Ergebnisse vorweisen will und zudem auf Partnerschaft mit der Großindustrie setzt.

Deshalb verfolgen eher wenige Akteure der Entwicklungszusammenarbeit eine nachhaltige Strategie gegen Mangelernährung – mittels, von *The Lancet* so bezeichneter, »ernährungssensibler« Maßnahmen. In Deutschland zählen dazu die kirchlichen Hilfsorganisationen Brot für die Welt und Misereor sowie die Deutsche Welthungerhilfe.

Insgesamt gesehen tendiert die internationale Entwicklungszusammenarbeit seit Jahren in die andere Richtung: Man bekämpft Mangelernährung vor allem durch »ernährungsspezifische« Maßnahmen unter besonderer Betonung des großflächigen Einsatzes von Nährstoffpräparaten – was der rapide wachsende Verbrauch solcher Präparate eindeutig belegt.

Führende Akteure sind hier: das Welternährungsprogramm WFP, das Kinderhilfswerk UNICEF und die wirtschaftsnahe Initiative Scaling Up Nutrition (SUN). Diese Akteure kooperieren eng mit den Herstellern von Nahrungsergänzungsmitteln. Dazu zählen das niederländische Unternehmen DSM als Weltmarktführer und die BASF, die vor allem Vitamin A herstellt. Als Wortführer und Motor des Einsatzes von Nahrungsergänzungsmitteln gegen Mangelernährung tritt die wirtschaftsnahe Global Alliance for Improved Nutrition (GAIN) auf.

GAIN wurde explizit mit dem Zweck, der Mangelernährung zu begegnen, 2002 als Stiftung und NGO gegründet. Finanziert wird die Organisation vor allem von der Bill & Melinda Gates Foundation, dem britischen Wellcome Trust sowie den Regierungen der USA und Großbritanniens. Das Jahresbudget der Organisation lag 2016 bei 51,5 Millionen Dollar (GAIN 2017); der Exekutivdirektor (bis

März 2016 Marc van Ameringen; seit Juli 2016 Lawrence Haddad) verdient, nach einem Bericht der britischen Zeitung Sunday Express, jährlich umgerechnet 618.000 britische Pfund (Parfitt 2016).

Über Jahre betrieb GAIN ein »Business-Netzwerk«, dem etliche internationale Nahrungsmittelkonzerne angehörten. Der finanzielle Beitrag dieser Konzerne zur Arbeit von GAIN ist schwer zu ermitteln. Um in Gremien der Weltgesundheitsorganisation WHO weiterhin die Privilegien einer NGO zu genießen, hat GAIN sein Business-Netzwerk an die SUN-Initiative weitergereicht.

GAIN unterstützt, im Rahmen von Partnerschaften, UNICEF und das WFP bei der Verteilung von Mikronährstoff-Präparaten. Die Organisation macht zudem bei Regierungen weltweit Lobby-Arbeit für Gesetze, die die Anreicherung von Grundnahrungsmitteln wie Salz, Weizenmehl, Maismehl, Zucker, Speiseöl oder Milch mit Mikronährstoffen vorschreiben. Bei der Umsetzung solcher Gesetze hilft GAIN technisch und finanziell.

Inzwischen schreiben über 80 Länder die Anreicherung von Nahrungsmitteln vor. So ist in Guatemala die Anreicherung von Zucker mit Vitamin A und von Weizenmehl mit Folsäure und Eisen obligatorisch. In Südafrika müssen seit 2003 Maismehl und Weizenmehl mit Vitamin A, Thiamin, Riboflavin, Pyridoxin, Folsäure, Eisen und Zink angereichert werden. In Indien, wo 350 Millionen Menschen an Jodmangel leiden, muss Salz mit Jod angereichert werden.

GAIN unterstützt allerdings so gut wie gar nicht die relativ kostengünstige so genannte Bio-Fortifzierung, also die Züchtung von Getreide und Hülsenfrüchten mit erhöhtem Anteil spezifischer Nährstoffe wie Vitamin A und Zink. Bio-Fortifizierung wird vor allem von HarvestPlus betrieben – einer Initiative der Beratungsgruppe für internationale Agrarforschung (CGIAR). HarvestPlus wird fast ausschließlich aus öffentlichen Mitteln finanziert (Bouis 2015). Die Initiative stellt, wie alle CGIAR-Institute, Zuchtergebnisse stets kostenfrei zur Verfügung. Deshalb können Agrar- und Nahrungsmittelkonzerne damit kaum Geld verdienen.

## 4.2 Nutrazeutika als Türöffner für Junkfood

GAIN, UNICEF, das WFP und internationale Entwicklungsbanken propagieren das Anreichern auch industriell verarbeiteter Nahrungsmittel als zentrale Strategie gegen Mangelernährung. Sie ebnen so internationalen Konzernen den Weg, Junkfood in Entwicklungs- und Schwellenländern zu verbreiten – und sie sagen das ganz offen. So heißt es in einer Veröffentlichung der Asiatischen Entwicklungsbank und UNICEFs: »Für den Privatsektor verkörpert die Nahrungsmittelergänzung eine Geschäftsgelegenheit: Produkte mit hohem Nährwert können den Wert der Marke und die Profitabilität erhöhen.« (UNICEF & Asian Development Bank 2010)

### Großes Marktpotential

Für die Industrie birgt die Anreicherung, nachdem GAIN das Terrain sondiert hat, hervorragende Perspektiven, Junkfood für Arme zu vermarkten: *Big Food* kann hygienisch verpackte (aber nach wie vor fett und krank machende) Nahrungsmittel als »gesunde« Mittel gegen Mangelernährung anpreisen. Und diese Nahrungsmittel erscheinen alternativlos: Ernährung aus lokalen Ressourcen erscheint schlechter und teurer; und der in Industrieländern wachsende Trend zurück zu lokal produzierten, frischen Nahrungsmitteln erscheint als Luxus, den sich Gesellschaften in Entwicklungsländern nicht leisten können.

(Vorläufig) gut gewappnet ist die Industrie mit ihrem angereicherten Junkfood auch gegen Regulierungsversuche von Regierungen, die Fettleibigkeit bekämpfen: Nur wenige Regierungen dürften gegen Nahrungsmittel vorgehen, die breite Teile der Bevölkerung mit Mikronährstoffen versorgen (Monteiro & Cannon 2012).

Die Organisation GAIN hilft derweil nicht nur Regierungen und UN-Organisationen. Sie bietet insbesondere auch interessierten Unternehmen ein umfassendes Servicepaket: GAIN unterstützt Unternehmen technisch wie finanziell bei der Anreicherung; die Organisation setzt sich bei Behörden von Entwicklungsländern für günstige Zoll- und Steuerregelungen sowie rasche Genehmigungen ein; und GAIN verkauft Unternehmenskunden auch qualitätsgeprüfte Nährstoffprodukte etlicher Produzenten.

Die Vorschläge gehen inzwischen so weit, auch Softdrinks wie Coca-Cola anzureichern. Denn »ein angereichertes schlechtes Produkt ist immerhin besser als ein nicht angereichertes schlechtes Produkt« (Solomons 2015). Die Anreicherung von Softdrinks eröffne zudem eine Möglichkeit, Mikronährstoffe zu Menschen zu bringen, die mit angereicherten Grundnahrungsmitteln nicht erreicht werden, weil sie ihre Nahrungsmittel selbst produzieren.

Die neue Chance, ihr Junkfood, aufgewertet mit Mikronährstoffen, zu verkaufen, nutzen immer mehr Nahrungsmittelkonzerne – vor allem in Schwellenländern.

90 Prozent aller indischen Haushalte konsumieren täglich Kekse. Etliche Unternehmen haben das Gebäck deshalb mit Vitaminen und Mineralstoffen angereichert – allen voran der Britannia-Konzern. Britannia-Managerin Anuradha Narasimhan sagte schon 2011: »Wir können unsere angereicherten Produkte als gesund für den Konsumenten vermarkten. Das hilft uns, Gutes zu tun; und es hilft uns, mehr zu verkaufen. In den vergangenen fünf Jahren sind unsere Umsätze um 20 Prozent jährlich gewachsen. Die Anreicherung von Nahrungsmitteln enthält einen Profit-Motor.« (GAIN 2011)

Der Nestlé-Konzern schreibt in einer Stellungnahme gegenüber dem Autor: »Nestlé hat sich [...] zum Ziel gesetzt, bis Ende 2016 weltweit 200 Milliarden mit Mikronährstoffen angereicherte Nahrungsmittel- und Getränkeportionen (meist Produkte des täglichen Bedarfs, wie etwa Brühwürfel) zur Reduktion des globalen Mikronährstoffmangels, insbesondere bei Kindern und Frauen in gebärfähigem Alter, herzustellen. 2014 haben wir uns diesem Ziel mit über 183 Milliarden Portionen angereicherter Nahrungsmittel bereits angenähert [...]. Die Brühwürfel gehören bei Nestlé zur Gruppe der so genannten *Popularly Positioned Products* (PPP); hochwertiger Lebensmittel mit gutem Nährwert zu einem erschwinglichen Preis.« (Nestlé-Stellungnahme vom 3.3.2016)

Auch Unilever sieht angereicherte Produkte als große Marktchance; das Unternehmen hat viele solche Produkte speziell für wenig kaufkräftige Kunden lanciert – in Indien zum Beispiel Curry Masala. Unilever erklärt dazu: »Bereits über 20 Prozent unseres weltweiten Umsatzes aus dem Bereich Food & Beverages erzielen wir mit Produkten, die Jod, Vitamin A, Vitamin D, Zink und Eisen enthalten [...]. Dies entspricht mehr als 160 Milliarden Portionen, von denen mehr als ein Drittel in Entwicklungs- und Schwellenländern verkauft wurde [...]. In Nigeria etwa arbeitet Knorr daran, die weit verbreitete Eisenmangelanämie zu reduzieren, unter der fast die Hälfte aller Frauen in gebärfähigem Alter leidet. Das ›Green Food Steps‹-Programm verbindet mit Eisen angereicherte Bouillonwürfel mit einem Informationsprogramm, in dem Mütter und Töchter über die Bedeutung von eisenhaltiger Ernährung aufgeklärt werden.« (Stellungnahme Unilever vom 3.3.2016)

PepsiCo promotet derweil in Indien mit besonderem Engagement ein Produkt seiner Billig-Marke Lehar: die extrem eisenhaltigen »Lehar Iron Chusti«-Kekse. Vertreter der Firma besuchen Schulen und Dorfversammlungen, um mit Filmen Bewusstsein für Eisenmangel zu schaffen und die PepsiCo-Kekse, das Pack für zwei Rupien, als Abhilfe anzupreisen (Holla 2011).

PepsiCo-Konkurrent Coca-Cola hat in Indien ein angereichertes Getränkepulver für Kinder namens Vitingo lanciert. Das Pulver wird in armen Regionen auch mithilfe karitativer Organisationen unter die Kinder gebracht. Coca-Cola erklärt: »Im Rahmen unserer globalen Partnerschaftsinitiative ›Project Thrive‹ will Coca-Cola nachhaltig Mangelernährung bekämpfen. Wir wollen Schulkinder in unterversorgten Kommunen mit einem wohlschmeckenden, nährstoffverstärkten Saftprodukt versorgen. Das Produkt ›Minute Maid Nurisha‹ enthält elf Mikronährstoffe (einschließlich Eisen, Folsäure, Kalzium, Vitamin A und B12) und versorgt Schulkinder mit einem Drittel ihres Bedarfs nach den Normen des ›Codex Alimentarius‹ [Sammlung von Normen für Sicherheit und Qualität von Lebensmitteln, d. Aut.] von FAO und WHO.« (Coca-Cola-Stellungnahme vom 3.3.2016)

Auch das Süßwarenunternehmen Mars arbeitet nach Auskunft des Nährstoffproduzenten DSM daran, seine Produkte anzureichern (Beesabathuni 2015).

Ein gewaltiges Marktpotential für Anbieter angereicherter Fertignahrungsmittel bieten in Indien Programme vom Staat verteilter Mahlzeiten für Kinder: 130 Millionen Kinder unter sechs Jahren haben Anspruch auf Rationen des staatlichen Kinderdienstes ICDS, 180 Millionen Schüler zwischen sechs und 14 auf ein Mittagessen.

ICDS-Rationen werden zwar seit einigen Jahren dezentral von lokalen Frauengruppen zubereitet und ein Versuch des Britannia-Konzerns, Schulmittagessen durch Kekse zu ersetzen, scheiterte 2008. Aber an den Schulen dürfen inzwischen auch Fertiggerichte serviert werden. Um diesen Markt sei ein heißer Kampf zwischen großen Anbietern entbrannt, berichtet Vandana Prasad, Kinderärztin und Aktivistin der Right to Food Campaign.

Manche Konzerne nutzen dabei die Taktik, Qualitätsstandards durchzusetzen, die nur sie auch erfüllen können. So dürfen mancherorts die Nahrungsmittel nicht von menschlichen Händen berührt werden. »Solche Bedingungen können natürlich lokale Frauen-Initiativen, die für die Schulen ihrer Kinder kochen wollen, nicht erfüllen«, sagt Vandana Prasad (Prasad 2015).

### Verdrängung lokaler Nahrungsmittelproduzenten

In inzwischen über 80 Ländern gelten Vorschriften, Nahrungsmittel mit bestimmten Vitaminen und Mineralstoffen anzureichern. Solche Vorschriften können große Unternehmen leicht einhalten. Viele kleine Unternehmen in armen Ländern jedoch sehen sich hoffnungslos überfordert und in die Illegalität gedrängt:

- In Kenia ist seit 2012 das Anreichern von Weizenmehl, Maismehl, Salz und Speiseöl mit mehreren Nährstoffen vorgeschrieben. Eine Erhebung jedoch kommt zu dem Schluss, dass gerade einmal 30 Prozent der Maismühlen die Vorschriften einhalten. Den übrigen fehlen die technischen Möglichkeiten dazu (Igadwah 2014).

- In Nigeria zeigt eine Untersuchung von 2013, dass die vorgeschriebene Anreicherung von Speiseöl mit Vitamin A nur in jedem achten Fall vorschriftsgemäß eingehalten wird; 11,6 Prozent der Mühlen reichern zu viel, 32,6 Prozent zu wenig und 43,2 Prozent gar nicht an (Ogunmoyela et al. 2013).
- In Indien kämpft der Verband der Ölmüller gegen Forderungen, die Müller zur Anreicherung von Öl mit Vitamin A zu verpflichten. Vielerorts sei die Versorgung ohnehin gut. Vor allem aber hätten 15.000 kleine Ölmühlen, die zum Beispiel Raps, Kopra und Sesam verarbeiten, weder das Wissen noch die Technik, ihren Kleinstmengen angemessen Mikronährstoffe beizufügen (ET Bureau 2015).

Ungeachtet solcher Probleme lokaler Unternehmen fordern UNICEF, das WFP, die Weltbank und GAIN kategorisch, gesetzliche Vorschriften zum Anreichern von Grundnahrungsmitteln flächendeckend durchzusetzen (Robinson 2014).

### Hilfssheriff – Das deutsche Start-up BioAnalyt

Ein willkommener Partner dabei ist das kleine Berliner Unternehmen BioAnalyt. Die Firma produziert kaum schuhkartongroße, transportable Messgeräte.

Steckt man in ein solches Gerät ein mit Blut oder einem Nahrungsmittel sowie einer Testflüssigkeit gefülltes Teströhrchen, spuckt das Gerät binnen weniger Minuten genaue Daten über den Gehalt des Bluts oder Nahrungsmittels an einem speziellen Nährstoff aus – zu Kosten von 2,50 bis sieben Euro je Probe. Derzeit misst das Gerät: Vitamin A, Beta-Karotin, Eisen (in Lebensmitteln), Jod und Zink; Messverfahren für weitere Nährstoffe werden gerade entwickelt.

Die Technologie der Firma BioAnalyt stoße auf große Nachfrage, sagt Geschäftsführerin Simone Frey. Organisationen der Entwicklungszusammenarbeit und Wissenschaftler kauften das Gerät; auch die multinationale Nahrungsmittel- und Nahrungsergänzungsmittelindustrie sei hoch interessiert: Die BASF half intensiv bei der Entwicklung des Vitamin-A-Tests; mit dem Weltmarktführer bei Nahrungsergänzungsmitteln DSM kooperiert BioAnalyt; und den Alleinvertrieb im Ausland hat die Organisation GAIN übernommen. Mit gutem Erfolg, sagt Frey: »Viele Geber wie die Gates-Stiftung und auch die deutsche GIZ investieren in unsere Laborkoffer und stellen sie Kontrollbehörden in Entwicklungsländern zur Verfügung.« (Frey 2015)

In Indonesien zum Beispiel besuchten seit kurzem staatliche Lebensmittelkontrolleure Ölmühlen und Supermärkte, berichtet die BioAnalyt-Geschäftsführerin. Sie nehmen Speiseölproben; und wenn die nicht den vorgeschriebenen Vitamin-A-Gehalt aufweisen, bekommen Verkäufer und Hersteller Schwierigkeiten (Frey 2015).

Kurz, die Testgeräte der BioAnalyt GmbH, die wenige tausend Euro kosten, sind preisgünstige und leicht benutzbare Instrumente, Vorschriften zur Anreicherung von Lebensmitteln flächendeckend durchzusetzen. Für die Konzerne und ihre Partner hat sich ein Hilfssheriff gefunden, der ihnen hilft, technisch unterlegene Konkurrenz in Entwicklungsländern aus dem Markt zu drücken.

## 4.3 Zweischneidig: Nutzen und Gefahren von Nutrazeutika

### 4.3.1 Was leisten die Pulver?

»Nahrungsmittelanreicherung hat den Vorteil, dass sie große Teile der Bevölkerung mit Nährstoffen versorgt, ohne dass sie ihre Ernährungsgewohnheiten radikal ändern müssen«, heißt es in den Richtlinien für Nahrungsmittelanreicherung von WHO und FAO (Allen et al. 2006). Eine mutige Behauptung, wie im Folgenden deutlich wird:

#### Nützlich gegen spezifische Mangelerkrankungen

Unbestritten helfen synthetische Mikronährstoffe, zielgerecht eingesetzt, gegen spezifische Mangelerkrankungen:

- Vitamin-A-Gaben (Supplemente) und -Anreicherung haben die Sterblichkeit bei Kleinkindern sowie die Zahl der Erblindungsfälle drastisch reduziert.
- Das Anreichern von Salz mit Jod in Jodmangelgebieten verhindert Mangelerkrankungen wie Struma (Kropf) und geistige Behinderungen.
- Mit Folsäure angereichertes Mehl und Folsäure-Supplemente verhindern Folsäuremangel-Anämie insbesondere bei schwangeren Frauen und reduzieren so die Zahl der Neuralrohrdefekte bei Neugeborenen.
- Vorbeugende Zinkgaben bei Kleinkindern reduzieren die Anzahl von Durchfallerkrankungen.

## Nutrazeutika sind keine Antwort auf Mangelernährung

Von spezifischen Anwendungen abgesehen jedoch »ist die Nahrungsmittelergänzung, obwohl sie einiges an Potential verspricht, keine Antwort auf die weltweit verbreitete Mangelernährung«, heißt es in einer 2013 erschienenen Studie, die den aktuellen Forschungsstand zusammenfasst (Das et al. 2013).

Viele Wissenschaftler bezweifeln, dass künstlich synthetisierte Nährstoffe bei mangelernährten Menschen überhaupt nachhaltig Wirkung entfalten:

Erstens leiden sehr viele Opfer von Mangelernährung an deren Folge- und/oder Begleiterkrankungen – insbesondere Kinder an Durchfall, der wichtigsten Ursache von Nährstoffverlusten. Laut WHO sind 50 Prozent der Mangelernährung weltweit (mit)verursacht durch Durchfall; und zwei Milliarden Menschen sind befallen von Parasiten wie Würmern. Experten sind skeptisch, inwieweit der angegriffene Verdauungsapparat solcher Menschen synthetische Nährstoffe überhaupt resorbiert.

Zweitens werden künstliche Mikronährstoffe stets stark verarbeiteten Nahrungsmitteln beigemischt. Sie werden also in ganz anderer Weise als natürlich enthaltene Nährstoffe in Wechselwirkungsmechanismen zwischen Nährstoffen sowie mit dem menschlichen Organismus eingebettet. Auch deshalb ist es höchst ungewiss, in welchem Maße zugefügte synthetische Mikronährstoffe tatsächlich vom Körper nutzbar, also bioverfügbar sind (Margetts 2015).

Drittens schließlich gibt es in nicht oder nur gering verarbeiteten Nahrungsmitteln Hunderte Bestandteile, die ausschließlich in diesen Nahrungsmitteln vorkommen; und viele davon sind in ihrer Wirkungsweise noch nicht erforscht. All diese Stoffe können durch zehn oder 15 künstliche Vitamine und Mineralstoffe nur zu einem geringen Teil ersetzt werden – selbst wenn die Zusätze wie erhofft wirken. Der Gießener Ernährungswissenschaftler Prof. Michael Krawinkel berichtet: »Wir wissen, dass gerade auch bioaktive Nahrungsinhaltsstoffe, die unsere Sättigung, unseren Blutdruck, unseren Cholesterin- und Blutzuckerspiegel beeinflussen, nur über Gemüse und Obst aufzunehmen sind und dass hier Nahrungsergänzungsmittel gar keinen Nutzen haben.« (Krawinkel 2015)

Wissenschaftliche Nachweise dauerhafter Wirkung synthetischer Mikronährstoffe auf den Gesundheitszustand der Empfänger sind denn auch, wohin man schaut, Mangelware:

- Eine Studie der britischen Regierung zeigt auf, dass Mikronährstoffpräparate zwar Anämie reduzieren, aber keine Auswirkungen auf *stunting* oder *wasting* (akutes Untergewicht) feststellbar sind (DFID Human Development Resource Center 2011).
- Eine Schweizer Studie zur Anreicherung von Milch und Getreideprodukten mit mehreren Nährstoffen kommt zu dem Ergebnis: »Für Auswirkungen auf die funktionale Gesundheit gibt es noch keine Beweise.« (Eichler et al. 2012)
- Der Global Nutrition Report 2014 des IFPRI-Instituts hält fest: Es gibt keine signifikanten Auswirkungen der Mehrfach-Anreicherung von Nahrungsmitteln auf die Größe von Kindern im Verhältnis zum Alter und auf das Gewicht von Kindern im Verhältnis zum Alter (IFPRI 2014).
- Eine Studie, die den aktuellen Forschungsstand wiedergibt, resümiert: »Es mangelt an Beweisen dafür, dass Anreicherungsstrategien Erkrankungshäufigkeit und Sterblichkeit bei Frauen und Kindern beeinflussen.« (Das et al. 2013)

- In der Hauszeitschrift des Nährstoff-Herstellers DSM schreibt der britische Ernährungswissenschaftler David Thurnham zur (vor allem von UNICEF praktizierten) Verteilung von Multi-Mikronährstoff-Pulvern: »Die positiven Auswirkungen dieser Intervention als Strategie, das Überleben von Kindern zu verbessern, sowie die entwicklungsbezogenen und biochemischen Auswirkungen sind unklar.« (Thurnham 2014)
- Nicht zuletzt zweifeln Experten vor Ort in Entwicklungs- und Schwellenländern: In Südafrika zeige der seit 2003 vorgeschriebene Anreicherungscocktail in Mais- und Weizenmehl kaum einen Effekt, berichten lokale Fachleute. Die Rate an Mangelernährung sinke langsamer als in etlichen anderen Ländern; jede zweite Frau sei nach wie vor anämisch; immer noch verbreitet seien auch Niacin-Defizite mit der Folge der Mangelkrankheit Pellagra und Vitamin-A-Mangel (Mhene 2015, Sanders 2015).

## Ursachenbekämpfung ist eine Antwort auf Mangelernährung

Für Beobachter liegt es auf der Hand: Einen starken Rückgang chronischer Mangelernährung hat es in den letzten Jahrzehnten ausschließlich in Ländern gegeben, wo Regierung und Gesellschaft entschlossen an den Ursachen der Mangelernährung arbeiteten.

So sank in Brasilien die *stunting*-Rate bei Kindern unter fünf Jahren zwischen 1976 und 2006 von 37 auf sieben Prozent. Dazu hat maßgeblich ein sozioökonomisches Maßnahmenpaket beigetragen: an Bedingungen geknüpfte Transferzahlungen, Bildung, Stärkung von Frauen, Arbeitsbeschaffung, strikte Regeln für die Schulernährung. Nutrazeutika als Ursache des positiven Wandels nennen brasilianische Experten nicht (Monteiro et al. 2008).

In Bangladesch sank die *stunting*-Rate bei Kindern unter fünf Jahren zwischen 1997 und 2011 von 59 auf 40 Prozent. Hier verbesserte ein quasi-staatliches Netzwerk zivilgesellschaftlicher Organisationen die wirtschaftliche Lage armer Familien, den sozialen Status von Frauen, Bildung, Hygiene und Gesundheitswesen. Hinzu kamen eine intensive Förderung kleiner Hausgärten sowie eine

Senkung des Bevölkerungszuwachses. Der Verbreitung von Nutrazeutika schreiben Experten keine ursächliche Rolle für die Verbesserung der Situation zu (IFPRI 2015).

### 4.3.2 Gefahren künstlich zugeführter Nährstoffe

#### Überdosis

Vitamine und Mineralstoffe können in hohen Dosen gesundheitsschädlich sein. Das gilt zum Beispiel für Vitamin A, Folsäure und Eisen. Viele Experten fordern deshalb, solche Stoffe künstlich nur in unbedingt notwendigem Maß zuzuführen – und zwar auf wissenschaftlicher Basis differenziert nach Zielregionen und Zielgruppen.

Gefahren der Überdosis für den Konsumenten bergen sowohl von Hilfsorganisationen verteilte Mikronährstoffpräparate als auch Industrieprodukte wie Cornflakes, Kekse und Joghurt.

Das Joghurt-Produkt Shokti Doi des *social-business*-Unternehmens Grameen Danone Foods in Bangladesch beispielsweise enthält in 60 Gramm 30 Prozent des täglichen Bedarfs an Eisen, Jod, Vitamin A und Zink (Kiviat 2010). Dieses Produkt wird, entgegen der ursprünglichen Absicht, vorwiegend von Kindern der städtischen Mittelschicht konsumiert. Es ist nicht unwahrscheinlich, dass solche Kinder auch mal zwei oder auch vier wohlschmeckende Shokti-Doi-Produkte an einem Tag kaufen. Da ergibt sich, gemeinsam mit dem übrigen Essen, schnell eine problematische Dosis an Eisen oder Vitamin A.

Bei manchen Stoffen, die Nährstoffpräparaten, Grundnahrungsmitteln und Junkfood häufig zugesetzt werden, sind hohe Dosen besonders gefährlich:

#### Vitamin A

Zum Vitamin-A-Status der Bevölkerung gibt es in vielen Ländern keine zuverlässigen neuen Zahlen (Krawinkel 2015). Dennoch werden seit Jahrzehnten Grundnahrungsmittel mit Vitamin A angereichert; und UNICEF-Mitarbeiter verpassen Millionen Neugeborenen jährlich Mega-Dosen.

Der Grat zwischen zu wenig und zu viel Vitamin A aber ist schmal. Und ein Zuviel birgt erhebliche Gesundheitsgefahren: Bei zu hohem Vitamin-A-Spiegel der Mutter können Embryos Missbildungen an Nervensystem und Ohren erleiden; zu viel Vitamin A kann das Osteoporose-Risiko im Alter erhöhen und die Leber schädigen; mehr als die empfohlene Dosis der Vitamin-A-Vorstufe Beta-Karotin erhöht das Risiko von Lungenkrebs und Herzerkrankungen um bis zu 20 Prozent (Weaver 2015). Eine Untersuchung in Bangladesch dokumentiert einen Zusammenhang zwischen Säuglingen verabreichten Vitamin-A-Mega-Dosen und einer Ausbeulung ihrer Fontanelle – ein Indiz für erhöhten Schädelinnendruck infolge von Wasseransammlungen oder Entzündungen im Gehirn (Baqui et al. 1995).

Vor diesem Hintergrund sind etliche Experten in Entwicklungsländern skeptisch geworden: In Guatemala, wo Haushaltszucker stark mit Vitamin A angereichert wird, fordern Wissenschaftler ein wissenschaftlich solide begründetes und differenziertes Vorgehen von UNICEF beim Verabreichen von Mega-Dosen an Säuglinge und Schwangere (Solomons 2015). Ähnliches fordern Fachleute wie Professor Harshpal Singh Sachdev in Indien, wo sich die natürliche Vitamin-A-Aufnahme durch Nahrungsmittel vielerorts deutlich verbessert hat (Kapil & Sachdev 2013).

### Folsäure

Umstritten ist seit Jahrzehnten, ob das Anreichern von Grundnahrungsmitteln mit dem Vitamin Folsäure mehr nutzt oder schadet. Einerseits verhindern Gaben von Folsäure Folsäuremangel-Anämie insbesondere bei jungen Frauen; und sie reduzieren die Anzahl von Neuralrohrdefekten. Sie sollen überdies das Risiko von Herz-Kreislauf-Erkrankungen mindern. Andererseits deuten zahlreiche Studien darauf hin, dass erhöhte Folsäurezufuhr das Darm- und Brustkrebsrisiko erhöht, den Insulinstoffwechsel stört, kognitive Einschränkungen verursacht und sogar Mutationen bei der Zeugung von Kindern begünstigt (Lucock & Yates 2009). Dennoch werden in 80 Ländern Grundnahrungsmittel mit Folsäure angereichert.

## Eisen

600 Millionen Kinder weltweit sind anämisch, weil sie nicht genug eisenhaltige Lebensmittel essen – mit schlimmen Folgen für ihre körperliche und kognitive Entwicklung. Die WHO empfiehlt, akuten Eisenmangel mit Eisengaben (Supplementen) zu bekämpfen.

Problematisch ist die Supplementierung mit Eisen in Regionen, wo es Malaria gibt. Studien haben ergeben, dass Eisen-Supplemente die Zahl von Malaria(-Todes)fällen unter Kindern deutlich erhöhen können (Prentice et al. 2007). Auf der Insel Pemba (Tansania) musste deshalb ein Programm abgebrochen werden. Inzwischen hat die WHO ihre entsprechenden Richtlinien geändert und empfiehlt, in Malariagebieten Eisenpräparate nur noch an jedem zweiten Tag zu verabreichen (WHO 2011).

Doch auch sonst ist Supplementierung von Eisen ein riskantes Unterfangen: Das deutsche Bundesinstitut für Risikoforschung (BfR) etwa weist darauf hin, dass schon eine geringfügige Überdosierung von Eisen Arteriosklerose und Krebs begünstigen kann. Das BfR empfiehlt deshalb eine Gesamt-Eisenzufuhr über die Nahrung und Supplemente von zehn bis 15 Milligramm pro Tag für Heranwachsende und Erwachsene; schwangere Frauen sollen 30, stillende Frauen 20 Milligramm zu sich nehmen (BfR 2008).

In Ländern mit Mangelernährung verwerten viele Menschen zugeführtes Eisen nicht vollständig. Trotzdem besteht auch dort die Gefahr der Überdosierung: So enthalten schon 100 Gramm Kellogg's Cornflakes acht Milligramm Eisen; und der von PepsiCo in Indien speziell für die Zielgruppe anämiegefährdeter Schulmädchen entwickelte Billigkeks Lehar Iron Chusti enthält in 100 Gramm sogar 28 Milligramm Eisen.

## Die Omega-3-Fettsäure DHA

Das Unternehmen DSM, Weltmarktführer bei Nahrungsergänzungsmitteln, versucht seit einiger Zeit, Docosahexaensäure (DHA) als Nahrungsergänzungsmittel zu vermarkten – eine Omega-3-Fettsäure, die vor allem in fettem Fisch vorkommt. Sie bringt angeblich »bewiesene Vorteile für die Gesundheit in allen Lebensphasen« (DSM 2014).

Passend zur DHA-Kampagne von DSM erschienen in den letzten Jahren auffällig viele von PR-Agenturen verbreitete Informationstexte mit wissenschaftlichem Anstrich, die DHA als Fitness-Motor dringend empfehlen – ein Indiz dafür, dass das Unternehmen auch hier seine ganz offen propagierte Strategie verfolgt, »to leverage science to move customers to increased inclusion levels«, also die Wissenschaft zu mobilisieren, um mehr Konsumenten zu gewinnen (DSM 2014).

In Brasilien, wo große Teile der Bevölkerung keinen Zugang zu fettem Fisch haben, »sponserte DSM die Entwicklung eines Konsenses« der Brasilianischen Vereinigung der Ernährungswissenschaftler (ABRAN) (Elias 2015). Seit 2014 empfiehlt ABRAN für schwangere und stillende Frauen täglich 200 Milligramm DHA; desgleichen für Kinder bis zu zwei Jahren, die nicht gestillt werden. Bei älteren Kindern, denen keine natürlichen Quellen der Omega-3-Fettsäure zur Verfügung stehen, sei die Supplementierung zu erwägen (Elias 2015).

Unter Wissenschaftlern ist die künstliche Zufuhr von DHA höchst umstritten (Bhutta et al. 2013). Schon 2006 schrieb das deutsche Bundesinstitut für Risikobewertung (BfR): »Auch bei fischarmer oder fischfreier Ernährungsweise ist eine zusätzliche Zufuhr von Omega-3-Fettsäuren nicht notwendig.« Keinerlei Nutzen in künstlicher DHA-Zufuhr sieht eine umfangreiche Studie, die das Journal of the American Medical Association im März 2017 veröffentlichte (Gould et al. 2017). Es gibt allerdings Hinweise auf Risiken: Höhere DHA-Dosen könnten das Blutungsrisiko erhöhen, das Immunsystem schwächen oder sogar zu Herzrhythmusstörungen führen, schrieb das BfR (BfR 2006). 2009 empfahl das BfR sogar, für die Anreicherung von Lebensmitteln mit DHA Höchstmengen festzulegen (BfR 2009).

### Technische Zusätze

Es gibt Hunderte Säuerungs-, Süßungs-, Antioxidations-, Festigungs-, Gelier- und Feuchthaltemittel, Farb- und Konservierungsstoffe, Geschmacksverstärker und Emulgatoren, die hochverarbeiteten Nahrungsmitteln hinzugefügt werden. Dies insbesondere, wenn die Nahrungsmittel unter schwierigen klimatischen Bedingungen längere Zeit haltbar sein sollen. Viele dieser Stoffe bergen, teils noch unbekannte, Risiken. In einer Datenbank dokumentiert die deutsche Verbraucherinitiative e.V. einige dieser Risiken: Farbstoffe wie Tartrazin (E102), Azorubin (E122) oder Allurarot (E129) können bei Kindern Aufmerksamkeitsstörungen auslösen; Konservierungsstoffe wie Benzoesäure (E210) und Sorbinsäure (E200) sowie der Geschmacksverstärker Natriumglutamat (E621) können Allergien hervorrufen. Den Süßstoffen Aspartam (E951) oder Cyclamat (E952) wird in manchen Studien ein Tumorrisiko zugeschrieben (Verbraucherinitiative o.J.).

## 4.4 Nutritionismus: Ernährung als blosse Nährstoffzufuhr

Vorbehalte gegen die Zufuhr synthetischer Nährstoffe mittels leerer Kalorienträger gibt es nicht nur auf medizinischer, sondern auch auf soziokultureller Ebene: Essen als Grundbedürfnis des Menschen ist ja nicht bloß das Stillen von Hunger. Es betrifft elementar auch Selbstverständnis, kulturelle Identität und Würde des Menschen – insbesondere in Ländern wie Indien mit ihrem reichen kulinarischen Kulturerbe.

Der amerikanische Journalist und Ernährungswissenschaftler Michael Pollan hat angesichts des weltweit wachsenden Konsums von mit Nährstoffen versetztem Junkfood den Begriff des Nutritionismus geprägt. Damit ist eine Denkhaltung gemeint, die in Nahrungsmittelkonzernen, Teilen der Ernährungswissenschaft und auch Teilen der Entwicklungszusammenarbeit seit Jahrzehnten verbreitet ist und sich zunehmend weiter verbreitet. Dem Konzept des

Nutritionismus zufolge ist die Ernährung des Menschen eine rein wissenschaftliche Aufgabe: Nährstoffe müssen möglichst effizient zugeführt werden. Das Resultat sind rein funktionelle Nahrungsmittel: Kohlenhydrat-, Fett- und Proteinträger, angereichert mit Geschmacks-, Farb-, Konservierungs- und Mikronährstoffen.

»Eine Ernährung mit künstlichen Zusätzen an Vitaminen und Mineralstoffen aber ist mit gesundem und vielfältigem Essen überhaupt nicht zu vergleichen«, sagt sogar Salil Kumar, Vertreter der Organisation GAIN in Indien. »In Indien jedoch sind gute Nahrungsmittel teuer: Früchte sind teuer, Gemüse und Milch sind teuer, und die Einkommen sind niedrig. Die Menschen können sich also gesundes Essen nicht leisten. Da ist es doch vernünftig, Nahrungsmittel anzureichern und Supplemente zu verteilen, damit Kinder eine bessere Chance haben, ordentlich zu wachsen und einigermaßen gesund zu leben.« (Salil Kumar 2015)

Eine andere Haltung vertritt Kumars Landsmann Biraj Patnaik, ein Führer der indischen Right to Food Campaign: Patnaik sieht in funktionellen Nahrungsmitteln bzw. angereichertem Junkfood eine Bedrohung für Menschen in armen Ländern. »Wir wollen wirklich essen«, sagt er. »Wir wollen den natürlichen Ursprung unserer Nahrung nicht aus den Augen verlieren; wir wollen kontrollieren, was drin ist und wie es zubereitet ist. Wir wollen natürlichen Geschmack und Geruch spüren; wir wollen – eingebettet in unsere Familien, unsere Gemeinschaft und unsere Kultur – essen.«

Sicher, Nutritionismus sei verführerisch bequem und koste relativ wenig, sagt Patnaik: »Dieses Konzept jedoch qualifiziert unsere traditionelle Nahrung als wertlos ab. Und wir leben zunehmend am Tropf einer seelenlosen Ernährungsindustrie. Das ist entwürdigend.« (Patnaik 2015)

Mit solchen Postern preisen Nestlé und der philippinische Verband der Ernährungsexperten stark gezuckertes Milchpulver für Kinder an.

# 5. Mütter unter Druck

Nährpulver und Kindergesundheit

## 5.1 Konzerne halten weiterhin Mütter vom Stillen ab

Das Stillen durch die Mutter ist die Basis gesunder Ernährung eines jeden Kindes. Stillen stärkt die Immunabwehr; es schützt Säuglinge gegen Erkrankungen des Verdauungstrakts; es erhöht die Intelligenz und mindert die Anfälligkeit für Krankheiten wie Krebs und Diabetes im Erwachsenenalter. Außerdem senkt das Stillen das Brustkrebsrisiko der Mutter. Die Weltgesundheitsorganisation WHO empfiehlt ausschließliches Stillen ohne Beikost in den ersten sechs Lebensmonaten und weiteres Stillen mit Beikost bis zum Alter von zwei Jahren.

Die auf der Hand liegenden Vorteile des Stillens und die mit allen Alternativen verbundenen Gefahren gerade in Entwicklungsländern wurden von Nahrungsmittelkonzernen lange ignoriert. Vor 40 Jahren erlitt der Nestlé-Konzern einen beispiellosen Imageschaden infolge seiner aggressiven Vermarktung von Muttermilchersatzprodukten. Viele Mütter in Entwicklungsländern hatten die Pulver mit bakterienbelastetem Wasser angerührt; zahllose Kinder starben. Nestlé töte Babys, hieß es; und unter Druck einer weltweiten Kampagne einigte sich die internationale Gemeinschaft auf einen strengen, wenngleich nicht verbindlichen »Internationalen Kodex zur Vermarktung von Muttermilchersatzprodukten«.

Der Kodex verbietet die Werbung für Muttermilchersatz, insbesondere in der Phase exklusiven Stillens; er verbietet die Vergabe von Proben an Mütter, deren Angehörige und Mitarbeiter des Gesundheitswesens. Der Kodex wurde von vielen Ländern in Gesetze gegossen, wird allerdings nur in wenigen, wie Indien, konsequent durchgesetzt.

Heute bekennen sich Hersteller wie Nestlé und dessen Konkurrent Danone offiziell zum exklusiven Stillen in den ersten sechs Monaten eines Baby-Lebens. Und die Unternehmen betonen, dass sie in ihren Verkaufsketten weltweit das Einhalten der Bestimmungen engmaschig überwachen – auch durch den Einsatz externer Prüfer (Danone 2014). Dessen ungeachtet wuchs der weltweite Umsatz mit Babynahrung zwischen 2010 und 2015 von 36,7 Milliarden auf 55 Milliarden US-Dollar (Statista 2015, vgl. Tab. 7).

*Tabelle 7: Wachstum des Verkaufs von Babynahrung in Prozent zwischen 2010 und 2015 nach Region*

| | |
|---|---|
| Osteuropa | 16,3 |
| Asien und Pazifik | 12,9 |
| Mittlerer Osten und Afrika | 9,2 |
| Lateinamerika | 5,3 |
| Nordamerika | 3 |
| Australasien | 2,8 |
| Westeuropa | 1,4 |

Quelle: Euromonitor/Agriculture and Agri-Food Canada/Statista.

Im südlichen Afrika »genossen« die Hersteller in den letzten Jahrzehnten »das Geschenk von HIV«, meint der Kapstädter Experte Professor David Sanders mit bitterem Zynismus (Sanders 2015): In den ersten Jahren der HIV-Epidemie wurde betroffenen Frauen vom Stillen abgeraten, weil das Virus auch durch die Muttermilch übertragbar ist. In Südafrika bekamen Frauen sogar kostenlos Muttermilchersatzprodukte. Heute reduzieren antiretrovirale Medikamente das Übertragungsrisiko auf ein bis zwei Prozent; und die WHO empfiehlt auch HIV-positiven Müttern zu stillen. Dennoch stillen in Südafrika heute gerade 8,3 Prozent der Frauen exklusiv in den ersten sechs Monaten (IFPRI 2016).

Weltweit ist die Stillquote in jüngster Zeit gestiegen – in Indien auf 46 Prozent. In Ost- und Südostasien jedoch ist die Quote zurückgegangen – von 45 Prozent 2006 auf 29 Prozent 2012 (Kean 2014). In China stillten 2003 noch 51 Prozent der Mütter in den ersten sechs Monaten; derzeit sind es unter 28 Prozent; und die Rate sinkt weiter (Harney 2013). China ist heute mit großem Abstand der größte Markt der Welt für Muttermilchersatzprodukte. Der Umsatz dürfte sich zwischen 2012 und 2017 von zwölf auf 25 Milliarden US-Dollar mehr als verdoppeln. Stark verbreitet sind Milchpulver für Säuglinge auch auf den Philippinen. Es werden gerade noch 17 Prozent der Säuglinge gestillt (Kean 2014).

Verschärft bzw. mitverursacht werden solche Tendenzen durch das nach wie vor sehr aggressive Marketing der Hersteller von Ersatzprodukten. Diese nutzen dafür zunehmend auch soziale Medien.

### Verstöße gegen den Internationalen Kodex

Durch handfeste Verstöße gegen den Internationalen Kodex zur Vermarktung von Muttermilchersatzprodukten fällt in jüngerer Zeit vor allem der Danone-Konzern auf: Im Oktober 2013 kam heraus, dass der chinesische Danone-Ableger Dumex in der nordchinesischen Stadt Tianjin Krankenhausmitarbeiter bestochen hatte. Sie sollten Frauen, die gerade entbunden hatten, Muttermilchersatzprodukte empfehlen und ihnen Proben geben. 13 Mitarbeiter der Gesundheitsdienste von Tianjin wurden bestraft; Danone tauschte mehrere Dumex-Manager aus (Harney 2013, Rose 2013).

Ebenfalls 2013 wurden in China mehrere ausländische Hersteller von Muttermilchersatzprodukten wegen Preisabsprachen zu Geldstrafen von etwa 100 Millionen US-Dollar verurteilt – unter ihnen Dumex, das niederländische Unternehmen FrieslandCampina, Mead-Johnson (USA), Abbott Nutrition (USA) und Fonterra (Neuseeland) (Kean 2014).

2013 kam eine Befragung chinesischer Mütter durch die internationale NGO Save the Children zu dem Ergebnis, dass 40 Prozent der befragten Mütter von Babynahrungsherstellern kontaktiert worden waren. 79 Prozent von ihnen sagten, Vertreter der Firmen hätten ihnen deren Produkte empfohlen und/oder kostenlose Proben gegeben. Am meisten genannt wurden in diesem Zusammenhang Nestlé und Dumex. Zu ähnlichen Ergebnissen kam die Organisation bei einer Befragung in Pakistan (Save the Children 2013).

In Guatemala klagt UNICEF-Ernährungsexpertin Claudia Maria Santizo: »Die Ärzte bei uns werden sehr stark von diesen Firmen beeinflusst. Ärzte sind überhaupt eins der größten Hindernisse bei unseren Bemühungen, das Stillen zu fördern. Denn die meisten Ärzte sagen Müttern, sie sollten ihren Kindern die Flasche geben – auch wenn sie noch keine sechs Monate alt sind.« Insbesondere Nestlé sei in Guatemala aktiv, sagt Santizo (Santizo 2015).

### Verunsicherung von Müttern

Abgesehen von direkten Verstößen gegen den Internationalen Kodex gibt es Indizien, dass Hersteller versuchen, Mütter von Säuglingen zu verunsichern. Ein beliebtes Vehikel sind der Industrie nahestehende Wissenschaftler. Deren Publikationen werden dann systematisch an Ärzte, Hebammen, Kinderkrankenschwestern, Ernährungsexperten und Apotheker verteilt.

Ein Beispiel: Die häufig bei Nestlé-Veranstaltungen auftretende Ernährungswissenschaftlerin Professor Lindsay Allen (University of California, Davis) erstellte 2012 eine Studie, die von der American Society for Nutrition (ASN) veröffentlicht wurde. Die ASN gilt als bedeutendste ernährungswissenschaftliche Institution der Welt, wird aber in hohem Maße von *Big Food* finanziert (siehe Kapitel 6).

Allens Studie kam zu dem Schluss: Der schlechte Status mangelernährter Mütter bei Nährstoffen wie Thiamin, Riboflavin, Vitamin B6, Vitamin B12 und Cholin führe dazu, dass die Konzentration dieser Nährstoffe in der Muttermilch zu niedrig sei; und in der Folge litten Kinder dieser Mütter ebenfalls an Nährstoffmangel. Das könne zu *stunting* bei betroffenen Kindern beitragen (Allen 2012).

Eher rustikal ging Danone ab 2010 in der Türkei zu Werke: Dort bewarb die Firma ihr Produkt Aptamil mit dem Hinweis, über sechs Monate alte Babys bekämen möglicherweise nicht genug Milch von ihren Müttern. In einer methodisch umstrittenen Untersuchung hatte Danone zuvor mit Ärzten getestet, wie viel Milch Mütter von sechs Monate alten Kindern produzieren. Das Ergebnis: im Schnitt 290 Milliliter.

Unter Berufung auf eine Empfehlung der WHO und unter Einsatz von deren Logo schaltete Danone dann Fernsehwerbung: »Dein Kind braucht mindestens 500 Milliliter Milch am Tag. Wenn deine Muttermilch nicht ausreicht, gibt ihm Aptamil, um das Immunsystem deines Babys zu unterstützen.« Der Verkauf von Aptamil stieg daraufhin binnen kurzem um 15 Prozent – obwohl die WHO heftig gegen den Gebrauch ihres Logos protestierte (Newman 2013).

Der Erfolg des Stillens sei von Hormonen abhängig, erklärt Arun Gupta – ein Kinderarzt in New Delhi, der die indische Sektion des International Baby Food Action Network (IBFAN) leitet. Die Hormone steuerten den Fluss der Muttermilch. »Hat die Mutter Angst, dass ihre Milch nicht ausreicht, senkt das tatsächlich die Menge ihrer Milch.« Benutze die Mutter dann Ersatzprodukte, nehme der Milchfluss weiter ab; eine Rückkehr zum Stillen werde immer schwieriger. Deshalb, so Gupta, »ist es extrem wichtig, dass Ärzte, Hebammen und Krankenschwestern Mütter ermutigen, ihre Kinder exklusiv zu stillen« (Gupta 2015).

## 5.2 Schwieriger Weg vom Stillen zur Familienkost

Die heikelste Zeit für ein Kleinkind in einer armen Gesellschaft beginnt, wenn die Mutter nach sechs Monaten das Stillen reduziert und das Kind an die Familienkost heranführt. Das ist nicht einfach, wenn eine junge Mutter mit Arbeit überlastet ist, kaum geeignete

Nahrungsmittel zur Auswahl hat, nur mit großem Aufwand Wasser abkochen kann, nur wenig über Kleinkinderernährung weiß und zudem unter Druck steht, ihr Kind mit kulturell verwurzelten, aber nicht sachgerechten Praktiken zu ernähren.

Vor diesem Hintergrund verfallen viele Kleinkinder in von Armut geprägten Gesellschaften immer wieder in schwere akute Unterernährung und auf Dauer in chronische Mangelernährung mit der Folge des *stunting*.

Viele Organisationen der Entwicklungszusammenarbeit beraten deshalb Mütter bei der Ernährung ihrer Kleinkinder. Sie erreichen jedoch nur eine Minderheit der Mütter. Außerdem ist es keineswegs selbstverständlich, dass beratene Mütter die Ernährungsratschläge auch verstehen und beherzigen.

Zum einen bleibt bei einem Vortrag vor einer großen Gruppe Frauen etwa auf dem Dorfplatz nur ein Teil des Inhalts hängen; zum anderen klaffen oft kulturelle Gräben zwischen Beratenen und Berater(inne)n – selbst wenn diese aus demselben Land stammen. Um diese Gräben zu überwinden, bedarf es sensibel geführter, persönlicher Gespräche über einen längeren Zeitraum. Dafür aber fehlt es Hilfsorganisationen am nötigen hochqualifizierten Personal. Außerdem brauchen die Kinder sofort richtige Ernährung und nicht erst, nachdem ihre Mütter ihre Einstellungen und ihr Verhalten geändert haben.

Und selbst wenn eine Mutter die bisweilen recht komplizierten Ratschläge sofort versteht, kann sie sie häufig nicht in die Praxis umsetzen. Müttern in den meisten Entwicklungs- und Schwellenländern nämlich werden allzu viele Pflichten aufgebürdet. Und es kostet viel Zeit, die Zutaten zu besorgen und mehrmals täglich aufwändig die empfohlene Babykost zuzubereiten.

Angesichts dessen haben viele Hilfsorganisationen ihre Strategie geändert: Sie leisten, abgesehen von Stillberatung, nur noch halbherzig Hilfe zur Selbsthilfe. Sie helfen stattdessen mit Methoden der Nothilfe: Die Organisationen verteilen, vielfach mit synthetischen Mikronährstoffen angereicherte, Fertignahrung für Kleinkinder, um so chronischer Mangelernährung vorzubeugen. Dabei kooperieren sie mit *Big-Food*-Konzernen und lokalen Produzenten von Nährkonzentraten.

So fördern in Äthiopien WFP, PepsiCo und US-AID den Anbau von Kichererbsen durch 10.000 Kleinbauern. Die Hülsenfrüchte sind Grundlage für eine Fertig-Nährpaste, die demnächst in einer Fabrik produziert werden soll. Mit der Paste wollen die Hilfsorganisationen mäßige Unterernährung bei Kindern bis zu fünf Jahren therapieren; sie soll aber auch als Beikost für gestillte Kinder verteilt werden.

Auch die mit Mikronährstoffen angereicherte Erdnuss-Zucker-Paste Plumpy'Doz des französischen Herstellers Nutriset ist eigentlich für die Behandlung mäßiger akuter Unterernährung vorgesehen. Sie wird dazu in Krisenländern wie Somalia oder Syrien verteilt. Seit einiger Zeit jedoch verteilt das Kinderhilfswerk UNICEF Plumpy'Doz auch außerhalb akuter Krisen – zum Beispiel in chronisch armen Gegenden des Tschad oder Madagaskars (Corbett 2011).

In Guatemala erhöht das lokale Unternehmen Alimentos SA seine Produktion von Incaparina – einem seit 40 Jahren aus (importiertem) Mais und Soja sowie Mikronährstoffen hergestellten Pulver. Weil das relativ teure Incaparina vorwiegend Märkte der Mittelschicht bedient, produziert das WFP ein ähnliches, billigeres Pulver namens Vita cereal im Rahmen eines Projekts mit Kleinbauern.

In der Elfenbeinküste produziert das kleine Unternehmen Protein Kissée La, gefördert von GAIN, preisgünstige Mais-Soja- und Reis-Soja-Pulver für Kleinkinder (Kayser et al. 2014); und im indischen Bundesstaat Andhra Pradesh unterstützt GAIN das staatliche Unternehmen AP Foods bei der Produktion eines Nährpulvers aus Weizen- und Sojamehl, Palmöl, Zucker und Mikronährstoffen. Das Pulver soll über das staatliche Kinderprogramm ICDS künftig 2,2 Millionen Kinder erreichen (Salil Kumar 2015).

Der Trend hin zu immer mehr Fertigpulver- und Pastenernährung für Kleinkinder birgt Vor- und Nachteile für die Kinder und ihre Familien. Entsprechend kontrovers wird er in lokalen Zivilgesellschaften und Organisationen der Entwicklungszusammenarbeit diskutiert: Biraj Patnaik von der indischen Right to Food

Campaign zeigt sich eher skeptisch. Hilfsorganisationen betrachteten die ersten Jahre im Leben eines armen Kindes neuerdings als krankheitsähnlichen Zustand, der mit funktioneller Nahrung behandelt werden müsse, kritisiert Patnaik. Lokale Ernährungssysteme würden so weiter geschwächt und Ernährung in Medikation verwandelt; Kinder und ihre Eltern würden abhängig von Pulvern und Pasten, die oft von weither kommen. »So haben Dorfgemeinschaften keinerlei Kontrolle über die Qualität des Essens, das sie ihren Kindern geben. Sie können nicht prüfen, was in den Pulvern und Pasten enthalten ist. Bei ihrem lokalen Essen können sie das jederzeit.« (Patnaik 2015)

Die in Guatemala lebende US-amerikanische Ernährungsexpertin Mary-Ann Anderson dagegen fordert dazu auf, »sich mal in die Lage einer jungen Maya-Frau zu versetzen. Dann müssten Sie für Ihr kleines Kind Mais und Bohnen anpflanzen, ernten, kochen, zerkleinern. Und wenn Sie eine Portion Kindernahrung fertig hätten, wüssten Sie nicht, wie Sie diese, ohne Kühlschrank, frisch halten sollen. Vielleicht wäre es angesichts dessen doch eine große Hilfe für arme Frauen, ihnen Fertigprodukte anzubieten, die sie sich leisten können; die zudem aus lokalen Rohstoffen hergestellt sind und so die lokale Wirtschaft beleben.« (Anderson 2015)

## 5.3 Zuckerpulver für Kleinkinder von Nestlé und Danone

Die Weltgesundheitsorganisation WHO empfiehlt, Kinder ab dem sechsten Monat an eine normale ausgewogene Ernährung heranzuführen; diese soll in begrenzter Menge auch Kuhmilch enthalten. Nur für besonders schwierige Situationen gelten auch Nährpulver und -pasten als akzeptabel.

Das scheint den größten Produzenten von Muttermilchersatzprodukten, Nestlé und Danone, gleichgültig zu sein. Sie versuchen gezielt, die Ernährung von Kleinkindern mit mikronährstoffverstärkten Milchpulverpräparaten zum Standard weltweit zu machen.

Dabei kooperieren die Konzerne mit der Organisation GAIN und internationalen Hilfsorganisationen – mit schockierendem Erfolg.

In einer Untersuchung der WHO von 2016 heißt es: »Die weltweiten Verkäufe von Muttermilchersatzprodukten belaufen sich derzeit auf 44,8 Milliarden US-Dollar; und es wird erwartet, dass sie bis 2019 auf 70,6 Milliarden US-Dollar steigen. Aggressives und unangemessenes Marketing von Muttermilchersatzprodukten und anderer Ernährungsprodukte, die mit der Muttermilch konkurrieren, untergraben weiterhin Anstrengungen, die Stillraten zu verbessern.« (WHO 2016c)

Nestlé und Danone erzielen ihr Wachstum bei Muttermilchersatzprodukten (Tab. 7/8) vor allem in armen Ländern. Dabei handeln sie zum einen weiter gegen die Ziele des Internationalen Kodex für die Vermarktung von Muttermilchersatzprodukten. Zum anderen lancieren die Konzerne seit etlichen Jahren immer neue Milchpulverprodukte für Kinder ab einem Jahr. Deren Vermarktung, auch mit Gesundheitsversprechen, wird vom Internationalen Kodex bislang nicht eingeschränkt – was die Konzerne zu schätzen wissen.

*Tabelle 8: Nettoumsatz von Danone mit Babynahrung weltweit 2008 bis 2015 in Millionen Euro*

| | |
|---|---|
| 2008 | 2.795 |
| 2009 | 2924 |
| 2010 | 3.355 |
| 2011 | 3.673 |
| 2012 | 4.257 |
| 2013 | 4.263 |
| 2014 | 4.397 |
| 2015 | 4.994 |

Quelle: Danone/Statista 2016.

Bei Nestlé sei man 2008/09 nicht glücklich damit gewesen, dass nur vier Prozent der Kinder in den Städten Pakistans das Nestlé-Pulver Nido tranken; weit mehr Kinder hätten Frischmilch getrunken. Das berichtet der Report *The Great Milk Robbery* von GRAIN, einer industriekritischen Organisation der internationalen Zivilgesellschaft. Nestlé, so der Report, habe dann sein Milchpulver Nido zusätzlich mit Eisen angereichert und im Fernsehen eine intensive Werbekampagne gestartet. Der Tenor: Nido schütze die Gesundheit von Kindern besser als Frischmilch. In der Folge hätten sich, binnen eines Jahres, die Verkäufe des Nestlé-Pulvers verfünffacht (GRAIN 2011).

Noch aggressiver wirbt Nestlé seit 2011 in Indien für sein mit Mikronährstoffen angereichertes Pulver Neslac. Das Produkt unterstütze das Immunsystem, behauptet Nestlé. In seiner Werbung behauptet der Konzern zudem, zweijährige Kinder dürften noch keine Kuhmilch trinken (Nestlé India 2012).

Dies ist eine grobe Verzerrung gängiger medizinischer Empfehlungen: Tatsächlich sollte ein zwei- bis dreijähriges Kind nicht mehr als 350 Milliliter Kuhmilch täglich trinken, um nicht zu viel Proteine aufzunehmen; diese Milch jedoch erfüllt, verbunden mit ausgewogener Familienkost, alle Ernährungsbedürfnisse des Kindes.

Auch nach Einschätzung des Bundesinstituts für Risikobewertung (BfR) »bieten Kleinkinder-Milchgetränke keinen Vorteil gegenüber fettreduzierter Kuhmilch, wie sie Ernährungsmediziner für Kleinkinder empfehlen [...]. Vielmehr tragen angereicherte Vitamine und Mineralstoffe in Kleinkinder-Milch zu einer unkontrollierten Erhöhung der Zufuhr einiger Nährstoffe bei, während andere Vitamine und Mineralstoffe in geringeren Mengen enthalten sind als in Kuhmilch.« Das BfR warnt weiter: »Hersteller von Kleinkinder-Milchgetränken geben auf den Verpackungen ihrer Produkte häufig hohe Verzehrmengen an. Diesen Verzehrempfehlungen folgend würden Kinder allein durch die Kindermilch hohe Mengen an Makro- und Mikronährstoffen aufnehmen, was im Rahmen der Gesamternährung langfristig eine Überversorgung mit sämtlichen

Nährstoffen begünstigt. Dies ist aus ernährungsphysiologischer und gesundheitlicher Sicht problematisch.« (BfR 2011)

Ein 2016 vorgelegter Bericht des britischen First Steps Nutrition Trust dokumentiert den extrem hohen Gehalt an zugesetztem Zucker (vorwiegend Dextrose und Laktose) in Kindermilchpulvern:

- Danones in Asien für Ein- bis Dreijährige vertriebene Dugro-Pulver enthält 74 Gramm zugesetzten Zuckers pro Liter Getränk.
- Nestlés Boost Kid Essentials Drink für Ein- bis 13-Jährige enthält 124 Gramm Zucker pro Liter Getränk – deutlich mehr als ein Liter Coca-Cola. Der von der WHO (für Erwachsene) empfohlene Konsum von 25 Gramm der Nahrung zugesetztem Zucker pro Tag ist also schon mit kaum mehr als 200 Millilitern des Getränks überschritten.
- Das Produkt PediaSure Complete des amerikanischen Pharmakonzerns Abbott Nutrition enthält sogar 128 Gramm Zucker pro Liter Getränk.

Der britische Bericht kritisiert auch, dass die Hersteller auf Verpackungen und in ihrer Werbung »selten klare Daten über den Anteil zugesetzten Zuckers« liefern. Die Produkte könnten, wie zahlreiche wissenschaftliche Untersuchungen nahelegen, Übergewicht und Fettleibigkeit bei Kindern fördern. Der Konsum schnell absorbierten Zuckers bringe zudem den Insulinstoffwechsel durcheinander und begünstige so Übergewicht, Typ-2-Diabetes und Herz-Kreislauf-Erkrankungen im späteren Leben. Einige der Kleinkinder-Milchgetränke erhöhten den Blutzuckerspiegel in ähnlichem Maße wie mit Zucker gesüßte Softdrinks; entsprechend stark regten sie die Insulinproduktion an. Hinzu kämen mögliche Auswirkungen auf die Zähne und eine Gewöhnung an Süßgetränke (First Steps Nutrition Trust 2016).

Angesichts der offensichtlichen Gefahr, dass Milchgetränke, die angeblich die Gesundheit von Kleinkindern fördern, Kinder krank machen und die Pandemie von Übergewicht und Diabetes weiter anheizen, fordern die WHO und zahlreiche Organisationen der internationalen Zivilgesellschaft: Kleinkinder-Milchgetränke müssen endlich den Vermarktungsbeschränkungen des Internationalen Kodex zur Vermarktung von Muttermilchersatzprodukten unterworfen werden; und Regierungen weltweit müssen diesen Kodex endlich auch konsequent durchsetzen (WHO 2016c).

Peggy Sonti in der Township Ivory Park bei Johannesburg betreibt micro-franchising für mit Vitaminen angereichertes Maispulver des Nahrungsergänzungsmittelkonzerns DSM.

# 6. Manipulation

## Wie *Big Food* seine Interessen durchsetzt

Unternehmen sind auf ein gutes öffentliches Ansehen für sich und ihre Produkte angewiesen, um nachhaltig Gewinn zu erzielen. Dies gilt insbesondere für *Big Food* und *Big Fast Food*, deren Geschäftsmodell ethisch problematisch ist. Ihr Ansehen polieren die Konzerne mit vielerlei Instrumenten auf: Sie betreiben traditionelle Öffentlichkeitsarbeit und engagieren sich für sozial wie ökologisch gute Zwecke. Sie finanzieren Regierungseinrichtungen, UN-Institutionen, Organisationen der Zivilgesellschaft, Wissenschaftler und Gesundheitseinrichtungen.

## 6.1 Versprechen: »Wir verbessern unsere Produkte und die Welt«

Fast alle Nahrungsmittelunternehmen machen Reklame für einen Lebensstil voller ausgewogener Ernährung, familiärer Fürsorge, Aktivität und Sport. *Big Food* und *Big Fast Food* versuchen so, im (Unter-)Bewusstsein der Konsumenten ihre Produkte mit einem solchen Lebensstil zu verbinden und zugleich von deren Gesundheitsschädlichkeit abzulenken.

Insbesondere Coca-Cola wirbt weltweit mit Sport treibenden jungen Menschen. In Deutschland pflegt der Konzern Partnerschaften zum Beispiel mit dem Deutschen Olympischen Sportbund, mit den Special Olympics und sogar der Sportgemeinschaft des Deutschen Bundestags. Weltweit fördert Coca-Cola Forschungsvorhaben und

Kampagnen, die die Rolle von Bewegung bei der Vermeidung von Übergewicht und Diabetes hervorheben. Die krank machende Wirkung zuckriger Softdrinks wird ausgeblendet.

### Angeblich: »noch gesündere« Produkte

Angesichts zunehmender Kritik raten heute manche Konzerne dem Konsumenten in Deutschland oder den USA, extrem kalorienreiche Produkte in eher kleinen Mengen zu konsumieren. Manche Firmen ersetzen da und dort auch künstliche durch natürliche Aromastoffe. Und viele Unternehmen versprechen, ihre Produkte »noch gesünder« zu machen, indem sie in geringem Maße Salz, Zucker, Transfette und gesättigte Fettsäuren reduzieren; sie versprechen dem Verbraucher zudem, künftig mehr »gesunde« Produkte anzubieten:

- Nestlé erklärt in einer Stellungnahme gegenüber dem Autor: »Wir teilen die öffentliche Sorge, dass ein übermäßiger Genuss von Zucker, Salz und Transfettsäuren sowie eine einseitige Ernährung mit nährstoffarmen Lebensmitteln die Risiken von Übergewicht auf der einen und Unterernährung auf der anderen Seite befördert.« Abgesehen von der Anreicherung vieler Produkte mit synthetischen Mikronährstoffen »hat Nestlé für seine Produkte verpflichtende Richtlinien zur Reduktion von Zucker (seit 2007), gesättigten Fetten (seit 2009), Transfetten (seit 2003) und Salz (seit 2005, Aktualisierung 2012) aufgestellt [...]. Bis 2016 haben wir uns zum Ziel gesetzt, den Salz- und Zuckergehalt sowie den Gehalt an gesättigten Fettsäuren in allen relevanten Produkten um weitere zehn Prozent zu senken.« (Nestlé 2016) Generell will Nestlé mehr Vollkorn und Gemüse bieten (Nestlé 2015) sowie tausende Produkte in einem steten Prozess »reformulieren« (Smith et al. 2014). Das Unternehmen warnt zugleich aber vor großen Erwartungen: »Neben der Würze ist Salz wichtig für die Haltbarkeit und Beschaffenheit von Nahrungsmitteln.« (Nestlé 2015)

- Auch Unilever bietet »neue Alternativen« mit weniger Fett oder Zucker und erwähnt »technische Schwierigkeiten« bei der Reduktion von gesättigten Fettsäuren, Salz und Zucker (Unilever 2015b). In einer Stellungnahme gegenüber dem Autor schreibt Unilever: »Bis 2020 werden wir [...] den Anteil der Produkte in unserem Portfolio verdoppeln, die die höchsten Ernährungsstandards auf der Grundlage weltweit anerkannter Ernährungsempfehlungen erfüllen.« (Stellungnahme Unilever vom 3.3.2016)
- Coca-Cola und PepsiCo haben mit viel Werbeaufwand Softdrinks auf den Markt gebracht, in denen der »grüne« Süßstoff Stevia einen Teil des Zuckers ersetzt.
- Danone stilisiert die Reduktion von Zucker in seinen Joghurts zu einem ernährungstechnischen Fortschrittsprogramm gemäß seiner »Food Nutrition Health Charter« (Danone 2015a). Die Fakten ernüchtern: 2014 enthielten Danone-Joghurts in den USA 24 Gramm Zucker pro 175-Gramm-Becher; das Unternehmen versprach, diesen Anteil in Kinder-Joghurts auf maximal 23 Gramm zu senken (IHR Magazine 2014). Zum Vergleich: Die WHO warnt davor, mehr als zehn Prozent des täglichen Energiebedarfs in Form von zugesetztem (also nicht natürlich in Obst, Gemüse oder Milch enthaltenem) Zucker zu sich nehmen. Empfohlen werden 25 Gramm, als Maximum 50 Gramm.

### Tatsächlich: Heuchelei

Am Beispiel des Danone-Konzerns lässt sich auch illustrieren, dass den Konzernen im Zweifel die Gesundheit der Konsumenten egal ist und allein die Marktchancen eines Produkts zählen.

Im Mineralwasser-Sektor, seinem Standbein, setzt Danone zunehmend auf (mit Zucker und Süßstoff) gesüßtes und aromatisiertes Wasser. Mit solchen Design-Getränken, die Danone »Aquadrinks« nennt, lässt sich leichter eine Kundenbindung erzielen als mit bloßem Wasser. Aquadrinks bestreiten mittlerweile 40 Prozent des Umsatzes der Marke Volvic in Europa.

Danone promotet den Verkauf seines Zuckerwassers vor allem an Kinder und Jugendliche, indem das Unternehmen mit den

Unterhaltungsfirmen Walt Disney und Lucasfilm zusammenarbeitet. Sammelflaschen mit *Star-Wars*-Motiven sollen Vier- bis 13-Jährige ansprechen. Und als vorgebliches Motiv für die aggressive Vermarktung der Aquadrinks muss wieder einmal die Gesundheit der Kinder herhalten: Sie sollen mehr Wasser trinken.

In diesem Sinne nutzt Danone geschickt das Image seiner Mineralwässer als Gesundheitsbrunnen: »Aquadrinks profitieren vom Erfolg der Evian- und Volvic-Mineralwassermarken und haben dieselbe Verpackungsidentität«, heißt es in einem Brief Danones an seine Anteilseigner (Danone 2015c).

Tatsächlich sind Danones Aquadrinks vielleicht noch gefährlicher als Softdrinks von Coca-Cola oder PepsiCo. Die gezuckerten Drinks enthalten pro Liter zwar »nur« 60 bis 70 Prozent der Zuckermenge, die etwa in Coca-Cola enthalten ist. Danone vermarktet Aquadrinks deshalb als »gesunde Alternative zu Sodagetränken«.

Die Aquadrinks jedoch enthalten keine Kohlensäure, bedürfen also vor dem Trinken keiner Kühlung und lassen sich deshalb in Entwicklungsländern leichter verkaufen als Softdrinks. Zudem setzt das Danone-Marketing darauf, dass die Süßwässer reines Mineralwasser als Basisgetränk zunehmend ersetzen. Schon bald könnten folglich die boomenden Aquadrinks weltweit die Softdrinks überflügeln – von der verkauften Getränke- und auch von der verkauften Zuckermenge her (vgl. Daneshkhu 2015).

## Konzepte, die Welt zu verbessern

Die Konzerne haben durchaus wohlklingende Konzepte entwickelt, der Öffentlichkeit ihr großes Interesse an der Verbesserung der Welt aufzuzeigen. Um dies zu dokumentieren, verwenden sie einen kleinen Teil ihres Gewinns für Aktivitäten im Rahmen so genannter unternehmerischer Sozialverantwortung. Sämtliche Konzerne der Nahrungsmittelindustrie betreiben Stiftungen, die sich sozialen und ökologischen Anliegen widmen; sie erstellen jährlich Berichte über ihre Bemühungen um Nachhaltigkeit.

- Nestlé ließ sich von dem renommierten Harvard-Ökonomen Professor Michael Porter eine Ideologie mit dem Motto »Creating Shared Value«, »Gemeinsame Wertschöpfung«, erstellen. Nestlé als vorbildliches Mitglied der Gesellschaft ernährt danach nicht nur Menschen; das Unternehmen fördert auch ländliche Entwicklung, nachhaltigen Wassergebrauch, behutsamen Umgang mit der Umwelt, ein gutes Leben von Vertragsbauern und Mitarbeitern sowie die Einhaltung von Menschenrechten (Nestlé 2015).
- Unilever-Chef Paul Polman behauptet, die gesamte Tätigkeit seines Konzerns weltweit stehe unter dem Motto der Nachhaltigkeit. Unilever unterhält millionenschwere Partnerschaften mit vielen NGOs der Entwicklungszusammenarbeit. Patenschaften von NGO zu NGO sozusagen, sagt Polman: »Wir sind die größte NGO der Welt. Der einzige Unterschied zu anderen Organisationen ist, dass wir Geld verdienen und damit zukunftsfähig sind.« (Kennard & Provost 2016) Entsprechend sieht Polman die Aufgabe seines Unternehmens: »Die sechs Millionen Kinder unter fünf Jahren, die jedes Jahr an Infektionskrankheiten sterben, bieten eine großartige Gelegenheit, Seife zu verkaufen; die 800 Millionen Menschen, die hungrig zu Bett gehen, eine großartige Gelegenheit, unser Nahrungsmittelgeschäft zu expandieren.« (Vittorio 2015) Zu diesem Geschäft zählt in Indien die Vermarktung von Instant-Nudeln der Marke Knorr – als perfekte Mahlzeit auch für Kinder. Diese Nudeln enthalten fast nichts außer Kalorien, gesättigten Fettsäuren, extrem viel Salz, Farb-, Konservierungs- und Geschmacksstoffen; sie häufig zu essen, fördert Übergewicht und Diabetes.
- Der Süßwarenkonzern Mondelēz betont seinen Beitrag zu umfassendem »well-being« für alle: durch nachhaltige Kakaoproduktion, Förderung gesunder Ernährung, immer weniger Wasser- und Energieverbrauch, weniger Salz und Fett und nachhaltige Palmölproduktion. 2014 startete Mondelēz eine nach eigenen Angaben 50 Millionen US-Dollar teure »Initiative gegen

Fettleibigkeit« in China, Australien, Brasilien, Indien und Russland (Mondelēz International 2014).

- PepsiCo hilft mit seiner Aktion Food for Good armen Kindern in verödeten Innenstädten der USA.
- Der Coca-Cola-Konzern, dem oft vorgeworfen wird, Wasser zu verschwenden und zu verschmutzen, unterstützt zahlreiche Wasserschutzprojekte. Coca-Cola unterstützt auch, wie McDonald's und Yum! Brands, Hilfsprogramme für benachteiligte Kinder.

## 6.2 Partnerschaften mit Regierungen und UN-Organisationen

*Big Food* engagiert sich, um politischen Einfluss zu gewinnen, auch in Partnerschaften mit Regierungen und internationalen Organisationen. So fordern die Organisation GAIN und etliche Nahrungsmittelkonzerne die Regierungen auf, im Kampf gegen Mangelernährung mit ihnen an einem Strang zu ziehen: Der private Sektor könne mit seinem Marktverständnis, geringem Verwaltungsaufwand, hohem Innovationspotential, guten Produkten, effizienter Logistik und überragender Finanzkraft Menschen weltweit besseren Zugang zu gesunden Nahrungsmitteln verschaffen. Regierungen sollten dies anerkennen. Und sie sollten die Unternehmen unterstützen – mit ordentlicher Infrastruktur, guten Gesetzen, liberaler Handelspolitik und Vertrauensbildung in der Öffentlichkeit (GAIN 2014b).

### Industrievertreter an den Schalthebeln staatlicher Macht

Nahrungsmittelkonzerne versuchen seit jeher, staatliche Entscheidungen zu ihren Gunsten zu beeinflussen. Sie betreiben Lobbying, nutzen persönliche Kontakte oder platzieren Vertreter ihrer Interessen in öffentlichen Positionen und Gremien. Dies gilt insbesondere für Länder, wo Institutionen schwach und korruptionsanfällig sind.

In Indien saßen Vertreter der Firmen PepsiCo, Coca-Cola, Unilever und Nestlé lange Zeit in wissenschaftlichen Gremien der für Nahrungsmittelqualität zuständigen Behörde Food Safety and Standards Authority (FSSAI). Dies verbot der Oberste Gerichtshof Indiens 2011. Unilever-Managerin Anantha Narayana, die im FSSAI-Gremium für funktionelle Nahrungsmittel, Nutrazeutika und Diätprodukte saß, gab daraufhin ihren Job bei Unilever auf und saß fortan als unabhängige Expertin in dem Gremium (Misra 2011).

In Mexiko wurde im Jahre 2000 Coca-Colas lokaler Chef Vicente Fox zum Staatspräsidenten gewählt. 2013 unterzeichnete Mexikos Sozialminister Vereinbarungen mit PepsiCo und Nestlé, diese beiden Konzerne maßgeblich am »nationalen Feldzug gegen Hunger« zu beteiligen. Im Rahmen dieses Projekts soll Nestlé 15.000 mexikanische Frauen mobilisieren, um in armen Regionen des Landes Nestlés Konzepte der Kinderernährung zu propagieren (GRAIN 2015).

In Südafrika besitzt Vizepräsident Cyril Ramaphosa die Mehrheit am McDonald's-Franchise; er ist Mitglied des International Advisory Board von Coca-Cola und des African Advisory Council von Unilever.

### Tor zum Einfluss auf die UNO: der UN Global Compact

UN-Institutionen wie die Weltgesundheitsorganisation WHO, die Welternährungsorganisation FAO, das Welternährungsprogramm WFP und auch das Kinderhilfswerk UNICEF verkörpern eine Bühne, auf der global wirksame Ernährungs-, Gesundheits- und Agrarpolitik gestaltet wird. Wer hier an den richtigen Tischen sitzt und zudem Geld mitbringt, kann kaum zu überschätzenden Einfluss ausüben.

Den Einfluss privater Unternehmen und insbesondere internationaler Konzerne auf die Vereinten Nationen legitimierte 1999 der UN Global Compact – ein Pakt zwischen UNO und Privatsektor, den der damalige UN-Generalsekretär Kofi Annan initiierte. Offizielles Ziel war, die Globalisierung sozialer und umweltfreundlicher zu gestalten.

Unternehmen, die dem Global Compact beitreten wollen, erklären sich bereit, in zehn Prinzipien festgelegte ökologische und soziale Mindeststandards einzuhalten. Die Einhaltung ist freiwillig; es gibt keine Sanktionen bei Verstößen.

Nahrungsmittelunternehmen wie Burger King, Kellogg, Hershey und Yum! Brands schlossen sich dem Global Compact an. Sie gelten, kraft ihrer Mitgliedschaft, heute als legitime Partner von UN-Organisationen. In deren Gremien beeinflusst *Big Food* internationale Ernährungs- und Gesundheitspolitik. Die folgenden Beispiele zeigen das ganz konkret auf.

## *Big Foods* Einfluss auf die SUN-Initiative

Die »Scaling Up Nutrition«-Initiative (SUN) zur Bekämpfung von Mangelernährung wurde 2010 gegründet – von einer Allianz aus Weltbank, UNICEF, WHO, WFP, betroffenen Ländern, Organisationen der Zivilgesellschaft und bilateralen Gebern. Ziel ist es, den Kampf gegen Mangelernährung zu koordinieren, Kleinbauern zu fördern und die Entwicklung in von Mangelernährung betroffenen Ländern zu stärken.

SUN habe das weltweite Bewusstsein für das Problem der Mangelernährung erheblich gefördert, resümieren Experten (Krawinkel 2015). Als höchst problematisch jedoch erscheint der erhebliche Einfluss von *Big Food* in der Initiative.

Ein Business-Netzwerk aus Unternehmen der Agrar- und Nahrungsmittelindustrie war, wie bereits erwähnt, zunächst bei GAIN angesiedelt. 2012/13 aber bemühte sich GAIN, bei der WHO als NGO akkreditiert zu werden. Das verweigerte die WHO zunächst, weil sie GAINs Verbindungen zur Industrie als problematisch einschätzte. GAIN löste daraufhin sein Business-Netzwerk auf, und bei SUN entstand ein neues – mit, im Wesentlichen, denselben Mitgliedern. Zu diesen zählen: Syngenta, Nutriset, Mars, PepsiCo, TetraPak, Cargill, Unilever, der größte japanische Nahrungsmittelkonzern Ajinomoto, BASF, Britannia, DSM und BioAnalyt.

In der so genannten Lead Group der SUN-Initiative sitzen je zwei Vertreter von internationalen Organisationen, der Zivilgesellschaft und der Gebergemeinschaft. Hinzu kommen, mit gleichem Mitspracherecht, zwei Vertreter der Industrie: Unilever-Chef Paul Polman und Vinita Bali, lange Marketing-Direktorin bei Coca-Cola, von 2005 bis 2014 Chefin des indischen Britannia-Konzerns, heute Verwaltungsratsvorsitzende von GAIN.

Organisationen der internationalen Zivilgesellschaft kritisieren den großen Einfluss der Industrie auf SUN. Die Industrie solle nicht Subjekt, sondern Objekt internationaler Entscheidungen zu Ernährung und Gesundheit sein. Und wohl wegen des Einflusses der Industrie ignoriere SUN das rasant wachsende Problem der Fettleibigkeit und deren Folgeerkrankungen in Entwicklungsländern (IBFAN 2012).

### *Big Foods* Partnerschaft mit dem Welternährungsprogramm

Das Welternährungsprogramm der Vereinten Nationen (WFP) finanziert seine humanitären Ernährungsprogramme ausschließlich aus freiwilligen Zuwendungen von Regierungen, Unternehmen und Privatpersonen. Dabei liegen die Beiträge der UN-Mitgliedsstaaten regelmäßig weit unter dem Bedarf. Beim WFP ist man daher dankbar für finanzträchtige Partnerschaften mit Produzenten von Nahrungs- und Nahrungsergänzungsmitteln.

PepsiCo spendete dem WFP 2013/14 drei Millionen US-Dollar für Programme der Nothilfe und Schulmahlzeiten (WFP 2015). Yum! Brands sammelt seit 2007 in seinen Fastfood-Restaurants für das WFP. 2013/14 kamen, mit Eigenbeiträgen des Unternehmens, 29 Millionen US-Dollar zusammen (WFP 2015). Auch DSM, der größte Produzent von Nahrungsmittelzusätzen weltweit, kooperiert seit 2007 mit dem WFP, das zu seinen wichtigsten Kunden zählt. DSM hat, ausgerichtet auf den WFP-Bedarf, mehrere Produkte entwickelt. »Im Moment arbeiten wir mit dem WFP an einem speziellen Nahrungsmittel, das HIV-Infizierte als Zielgruppe hat«, sagt die südafrikanische DSM-Sprecherin Heidi-Lee Robertson (Robertson 2015).

### Für UNICEF ist *Big Foods* Geld »lebenswichtig«

Auch das Kinderhilfswerk der Vereinten Nationen, UNICEF, arbeitet ausschließlich mit freiwilligen Zuwendungen. Um benachteiligten Kindern zu helfen, sind für UNICEF Spenden von Unternehmen »lebenswichtig« (UNICEF New York 2015). UNICEF betreibt in etlichen Ländern Projekte mit Coca-Cola. Mit Unilever unterhält UNICEF seit mehr als drei Jahren eine »Multi-Millionen-Euro-Partnerschaft« im Hygiene- und Wassersektor (Unilever 2015c).

In seinem Kampf gegen Unter- und Mangelernährung von Kindern setzt UNICEF zunehmend auf den Einsatz von Nahrungsergänzungsmitteln. Die Organisation kauft dafür in großen Mengen Produkte der Hersteller DSM und Nutriset.

### Kritik an WFP und UNICEF

Teile der internationalen Zivilgesellschaft kritisieren die Zusammenarbeit von UNICEF und WFP mit der Nahrungsmittelindustrie. Es gebe Interessenskonflikte: Die UN-Organisationen hätten auch die Funktion von *watchdogs*, meint Biraj Patnaik, Sprecher der Right to Food Campaign in Indien. Die Organisationen hätten die Pflicht, mangelernährte Menschen in armen Ländern vor Schaden durch die Industrie schützen. Tatsächlich hätten sich WFP und UNICEF zu »Kuscheltieren« der Konzerne entwickelt, meint der indische Aktivist (Patnaik 2015).

Sicher, UNICEF trete rigoros für das Stillen von Babys ein, gesteht Patnaik zu. Und das Kinderhilfswerk habe mit der NGO Save the Children die so genannten »Children's Rights & Business Principles« entwickelt; nach diesen Prinzipien soll das Marketing von Industrieprodukten keinesfalls die Gesundheit von Kindern gefährden. Andererseits aber verstießen UNICEFs Partnerkonzerne notorisch gegen genau diese Prinzipien, sagt Patnaik. Und dadurch, dass WFP und UNICEF »jetzt mit diesen Unternehmen Partnerschaften betreiben, geben Sie ihnen Raum, weltweit Politik zu beeinflussen. [...] Ich halte das für sehr gefährlich« (Patnaik 2015).

Biraj Patnaik hat Belege für seine Befürchtungen. So wechselte 2011 die damalige UNICEF-Chefin Ann Venneman in den Aufsichtsrat von Nestlé – mit dem Argument, sie wolle das Verhalten des Unternehmens von innen verbessern. »Nun kann Nestlé mit Vennemans und UNICEFs Namen Werbung machen für Kleinkindernahrung, deren verantwortungslose Vermarktung durch Nestlé UNICEF eigentlich bekämpft.« (Patnaik 2015)

## Einfluss auf die WHO

Auf der achten Globalen Konferenz zur Förderung von Gesundheit in Helsinki am 10. Juni 2013 sagte Margaret Chan, Generaldirektorin der Weltgesundheitsorganisation WHO in einer bemerkenswerten Rede:

»Das öffentliche Gesundheitswesen muss auch gegen *Big Food, Big Soda* und *Big Alcohol* kämpfen. All diese Industrien fürchten Regulierung und schützen sich mit den gleichen Taktiken. [...] Dazu zählen Frontorganisationen [Organisationen, die ihre wahren Ziele verbergen, d. Autor]; Lobbying; Versprechungen, sich selbst zu regulieren; Gerichtsprozesse sowie von der Industrie finanzierte Forschung, die wissenschaftliches Beweismaterial verdreht und in der Öffentlichkeit Zweifel sät.

Die Taktiken der Industrie beinhalten überdies Geschenke, Stipendien und Beiträge zu ehrenwerten Anliegen – was die Unternehmen als respektable Unternehmensbürger erscheinen lässt. Außerdem versucht die Industrie, die Verantwortung für gesundheitliche Schäden dem Einzelnen aufzubürden und staatliche Regulierung als Einschränkung persönlicher Freiheit zu porträtieren.

Hier haben wir es mit fürwahr furchterregenden Gegnern zu tun, die Marktmacht problemlos in politische Macht verwandeln: Wenige Regierungen halten Gesundheit für wichtiger als ›big business‹. Und wie wir aus der Erfahrung mit der Tabakindustrie gelernt haben, kann ein mächtiges Unternehmen der Öffentlichkeit praktisch alles verkaufen. [...] Kein einziges Land weltweit hat es geschafft, die Pandemie der in allen Altersgruppen zunehmenden Fettleibigkeit umzukehren. Dies belegt nicht, dass es dem einzelnen Menschen an Willenskraft fehlt. Es belegt, dass es an politischem Willen fehlt, sich mit ›big business‹ anzulegen.« (Chan 2013)

Engagierte Worte. Doch die WHO verabschiedete 2013 nur den eher diplomatisch formulierten »Global Action Plan for the Prevention and Control of Noncommunicable Diseases«. Dieser Aktionsplan thematisierte noch kaum die Verantwortung von *Big Food* für solche Erkrankungen, sondern sah die Junkfood-Industrie als Partner auf dem Weg zu gesünderer Ernährung (WHO 2013).

Diese Partnerschaft betonen auch zahlreiche Verlautbarungen der WHO. So heißt es in einem Aufsatz von WHO-Mitarbeitern, »Save the Children«-Vertretern und Wissenschaftlern für die amerikanische Fachzeitschrift *Public Health Nutrition* (2012), »internationale Nahrungsmittel-, Getränke- und Fastfood-Unternehmen könnten Partner sein beim Umgang mit komplexen Ernährungsherausforderungen für die öffentliche Gesundheit« (Kraak et al. 2012).

Ein wichtiger Grund, warum die WHO offen ist für Partnerschaften mit Konzernen, ist schlicht und einfach Geld: Angesichts stark gewachsener Aufgaben fordert die WHO seit Jahren höhere Beiträge von ihren Mitgliedsstaaten. Die aber zahlen nicht. Und der Anteil des WHO-Budgets, den Regierungen durch regelmäßige Pflichtzahlungen bestreiten, ist von einst 75 auf 20 Prozent gesunken. Das reicht gerade so für die laufenden Kosten. Fast alle Programme hingegen werden durch freiwillige und in der Regel zweckgebundene Zuwendungen von Regierungen und privaten Gebern finanziert.

Zu den privaten Gebern zählen Pharmakonzerne wie das britische Unternehmen GlaxoSmithKline (GSK). GSK gab der WHO 2015 mehr Geld, als Deutschland freiwillig zahlte. Der nach den USA größte Geber der WHO jedoch ist die Bill & Melinda Gates Foundation: Von den der WHO zum 31.12.2016 zur Verfügung stehenden Finanzmitteln in Höhe von 4,834 Milliarden US-Dollar bestreitet die Gates-Stiftung 629 Millionen US-Dollar; dazu kommt ihr Anteil, etwa ein Sechstel, am Beitrag der Gavi-Impfallianz in Höhe von 132 Millionen US-Dollar. Die USA geben der WHO 2016/2017 747 Millionen US-Dollar.

Die Beziehung zwischen der Gates-Stiftung und der WHO birgt indes ernste Probleme. Denn der Bill & Melinda Gates Foundation Trust, von dem die Stiftung ihr Geld erhält, hat große Teile seines

Kapitals in die Nahrungsmittel-, Supermarkt- und Pharmaindustrie investiert. Laut seiner Steuererklärung für 2015 hält der Trust Coca-Cola-Aktien im Wert von 500 Millionen und Walmart-Aktien im Wert von einer Milliarde US-Dollar. Hinzu kommen Beteiligungen an den Nahrungsmittelkonzernen PepsiCo, Unilever, Kraft-Heinz, Mondelēz und Tyson Foods; an den Alkoholkonzernen Anheuser-Busch und Pernod; an den Pharma-Konzernen GlaxoSmithKline, Novartis, Roche, Sanofi, Gilead und Pfizer. Die Gates-Stiftung hält außerdem Anteile im Wert von fast zwölf Milliarden Dollar am Berkshire Hathaway Trust des Investors Warren Buffett. Berkshire Hathaway wiederum besitzt Coca-Cola-Aktien im Wert von 17 Milliarden Dollar und Kraft-Heinz-Aktien im Wert von 29 Milliarden US-Dollar (Bill & Melinda Gates Foundation Trust 2016).

Für die Gates-Stiftung heißt dies: Je mehr Profite die genannten Firmen machen, desto mehr Geld kann sie für die WHO ausgeben. Für die WHO heißt es: Mit jeder Maßnahme gegen gesundheitsschädliche Aktivitäten der Süßgetränke-, Alkohol- und Pharmaindustrie würde sie die Gates-Stifung daran hindern, das Geld zu erwirtschaften, mit dem die Stiftung die WHO finanziert. Kurz, die Weltgesundheitsorganisation steckt in einem klassischen Interessenskonflikt, der sie in ihren Handlungsmöglichkeiten schwächt und angesichts ihrer finanziellen Abhängigkeit von der Gates-Stiftung kurzfristig kaum aufzulösen ist.

Big Food nutzt seit einiger Zeit diesen Interessenskonflikt, um maximalen Einfluss auf die WHO und insbesondere mit Ernährungsfragen befasste WHO-Gremien zu gewinnen.

Die Nutrition Guidance Expert Advisory Group (NUGAG) der WHO erarbeitet Richtlinien für den Zucker-, Salz- und Fettgehalt menschlicher Nahrung. Nach Recherchen der Nachrichtenagentur Reuters 2012 saßen damals in diesem wichtigen Gremium mindestens drei Experten mit finanziellen Beziehungen zu *Big Food* – in zwei Fällen zu Nestlé, in einem zu Unilever (Wilson & Kerlin 2012).

In einer Beratergruppe, die die Arbeit des so genannten Panamerikanischen Forums für das Handeln gegen nicht ansteckende Krankheiten maßgeblich gestaltet, saß eine Vertreterin der International Food and Beverage Alliance (IBFA), einer Lobby-Organisation der Nahrungsmittel- und Getränkeindustrie (Wilson & Kerlin 2012).

Ein aktuelles Bespiel: Bei der Sitzung des WHO-Exekutivrats im Januar 2017 saßen in der offiziellen Delegation der italienischen Regierung Vertreter des Süßwarenkonzerns Ferrero.

In einer Presseerklärung vom 19. November 2012 betont die Weltgesundheitsorganisation: »Die WHO kann gelegentlich mit dem privaten Sektor kooperieren; aber gemäß WHO-Richtlinien sind keine Gelder von Unternehmen anzunehmen, die ein direktes kommerzielles Interesse am Resultat des Projekts haben, zu dem sie beitragen würden.« (Chan 2012) – Tatsächlich hatten Reuters-Rechercheure einen Monat zuvor herausgefunden: Die amerikanische WHO-Filiale PAHO, die das genannte Forum betreibt, hatte sehr wohl Geld angenommen – von Coca-Cola 50.000 US-Dollar, von Nestlé 150.000 US-Dollar sowie von Unilever ebenfalls 150.000 US-Dollar (Wilson & Kerlin 2012).

Auch vor diesem Hintergrund jedoch wäre es unangemessen, der Weltgesundheitsorganisation vorzuwerfen, sie gebe widerstandslos allen Forderungen der Nahrungsmittelindustrie nach. 2015/16 sprachen sich mehrere WHO-Expertenberichte deutlich für wirksame Maßnahmen gegen die weltweite Pandemie von Übergewicht und Diabetes aus. Die Berichte betonen zwar nicht explizit den hohen Grad an Verantwortung von *Big Food* und *Big Fast Food* für diese Pandemie, aber sie stellen entschiedene Forderungen: Auch Kleinkinder-Milchgetränke sollen den Bestimmungen des Internationalen Kodex für die Vermarktung von Muttermilchersatzprodukten unterworfen werden. Junkfood, das Übergewicht begünstigt, soll mit hohen zusätzlichen Steuern belegt werden. Mithilfe solcher Steuern sollen Regierungen gesunde Nahrungsmittel wie Obst und Gemüse subventionieren. Für Junkfood-Werbung und -Verpackungen schließlich soll explizite Aufklärung über die Gefahren der jeweiligen Produkte vorgeschrieben werden (WHO 2015, 2016a, b, c; vgl. Kapitel 7).

Berichte der WHO, die all dies fordern, ähnelten allerdings dem Gebrüll eines zahnlosen Löwen, kritisieren Experten der Zivilgesellschaft. Die für Ernährung zuständigen Abteilungen der WHO und auch hohe Repräsentanten wie die langjährige Generaldirektorin Margaret Chan dürften die Nahrungsmittel- und Pharmaindustrie zwar lautstark kritisieren; wirksame Resolutionen oder bindende Konventionen der Weltgesundheitsversammlung (WHA), des höchsten WHO-Entscheidungsgremiums, kämen jedoch regelmäßig nicht zustande. Solche tatsächlich wirksamen Entscheidungen würden von der Industrie verhindert – über ihren Einfluss in der WHO-Bürokratie, in Schlüsselgremien und auf mächtige Regierungen wie die der USA und Großbritanniens (Gebauer 2017, Schwarz 2017, Valente 2017).

Seit der 69. Weltgesundheitsversammlung im Mai 2016 genießen *Big Food* und *Big Pharma* nun auch einen offiziellen Status innerhalb der WHO: Nach jahrelangem zähen Ringen um den so genannten Rahmen für die Mitarbeit nichtstaatlicher Akteure (FENSA) in der WHO beschloss die WHA, dass Wirtschaftsverbände offizielle Beziehungen mit der WHO unterhalten dürfen. Sie werden also in Arbeits- und Projektgruppen sitzen, die die inhaltlichen Positionen der WHO maßgeblich erarbeiten. Dies war bisher gemeinnützigen NGOs vorbehalten. Dort befürchtet man nun, dass die WHO künftig noch weniger gegen die krankmachenden Umtriebe von *Big Food* ausrichten kann (IBFAN 2016).

## 6.3 *Big Food* finanziert NGOs der Entwicklungszusammenarbeit

Nahrungsmittelkonzerne kooperieren mit NGOs der Entwicklungszusammenarbeit, um von deren Reputation und Glaubwürdigkeit zu profitieren. Die NGOs genießen in der Regel hohes Ansehen; sie brauchen Geld für Projekte; und viele Organisationen sind deshalb zur Kooperation mit *Big Food* bereit – auch wenn sie dessen Geschäftsmodell oft kritisch gegenüberstehen.

### 6.3.1 Interessen und Interessenskonflikte

#### Interessen der Unternehmen

Die Konzerne unterstützen NGO-Projekte häufig über ihre philanthropischen Stiftungen. Dabei verfolgen sie von Fall zu Fall unterschiedliche Ziele.

Sehr gern unterstützt *Big Food* Projekte, die hohen Sympathieertrag bergen – wie Maßnahmen zugunsten von Kindern. So ist in Deutschland das Deutsche Kinderhilfswerk einer der größten Spendenempfänger des Coca-Cola-Konzerns.

Die Konzerne betreiben mit NGOs auch Projekte, die direkt kommerziellen Interessen dienen: Ein klassisches Beispiel ist Unilevers Unterstützung von Hygieneprojekten. Diese helfen, den Markt für Reinigungs- und Hygieneprodukte zu entwickeln. Ein anderes Beispiel sind Beiträge von Mars und Mondelēz zu NGO-Projekten mit westafrikanischen Kakaobauern. Solche Projekte verbessern die Rohstoffversorgung der Unternehmen.

Unilever und Nestlé engagieren sich derweil in Projekten des niederländischen BoP Innovation Center, die arme Frauen in Entwicklungsländern zu Kleinhändlerinnen der Unternehmen ausbilden. Partner der Konzerne sind die Organisation GAIN, die SNV Netherlands Development Organization, die Interchurch Organization for Development Cooperation (ICCO) und die Universität Wageningen.

Auch in Bereichen, in denen die Unternehmen öffentlicher Kritik ausgesetzt sind, fördert *Big Food* Projekte. So dienen Coca-Colas Wasserprojekte mit zahlreichen NGOs dem Zweck, den Konzern als Schützer globaler Wasserressourcen zu porträtieren. Mit ähnlichem Zweck unterstützen Junkfood-Produzenten NGO-Projekte, die der gesunden Ernährung von Kindern dienen.

Manche Konzerne beteiligen sich auch an einem so genannten *social business*. So dokumentieren sie ihr Engagement für die Ärmsten. Das bekannteste erfolgreiche Beispiel ist Danones Engagement mit der NGO Grameen des Nobelpreisträgers Mohammed Yunus (Danone 2015a). Das gerade 1,6 Millionen Euro teure *social business*

Grameen Danone Foods hat dem Konzern grandiose PR beschert: Das Projekt zugunsten mangelernährter Kinder in Bangladesch wurde in Medien weltweit gefeiert – ungeachtet seines begrenzten Erfolgs (siehe Kapitel 2).

### Interessen der NGOs

Geld ist das wichtigste Motiv für gemeinnützige NGOs, mit Unternehmen zu kooperieren. Das bestätigen Umfragen des amerikanischen Unternehmens Devex, das die wichtigste internationale Online-Plattform für Akteure der Entwicklungszusammenarbeit betreibt (Saldinger 2015).

Ein weiteres Motiv für Hilfsorganisationen, mit Unternehmen zu kooperieren, ist die Aussicht, in ihrer Projektarbeit vom Know-how der Unternehmen zu profitieren. Diese können Konzepte effizienter Projektdurchführung, inhaltliche Ideen, technisches Wissen und logistische Kompetenz beisteuern. Nicht zuletzt hoffen manche Hilfswerke, das ökologische und soziale Verhalten von Unternehmen beeinflussen zu können, wenn sie mit ihnen erst einmal an einem Tisch sitzen.

Nahezu alle NGOs haben meist recht allgemein gefasste interne Richtlinien dafür, mit welchen Unternehmen sie kooperieren: Diese sollen die Werte der NGO teilen; sie sollen deren Unabhängigkeit respektieren; die Zusammenarbeit soll transparent und klar gestaltet sein. Die formal korrekte Abwicklung einer Partnerschaft sollen klare Verträge sicherstellen.

Partnerschaften zwischen NGOs und Unternehmen aus vielen Branchen sind denn auch meist unproblematisch. Die Anliegen regionaler Buchhandelsketten, Druckereien, Volksbanken oder Kartonfabriken stehen selten im Widerspruch zu den Anliegen von Hilfsorganisationen.

### Unvermeidbare Interessenskonflikte

Die Zusammenarbeit von NGOs mit Unternehmen kann jedoch auch Interessenskonflikte heraufbeschwören. Insbesondere Partnerschaften zwischen NGOs und Nahrungsmittel-, Getränke- und

Fastfood-Konzernen bergen einen grundsätzlichen Interessenskonflikt auf zwei Ebenen.

Erstens zählt es zum Kerninteresse der NGOs, Ernährung, Gesundheit und soziale Situation sozial schwacher Menschen in Entwicklungs- und Schwellenländern zu verbessern. Das Kerninteresse der Konzerne dagegen besteht darin, möglichst viel Junkfood zu verkaufen, das Ernährung, Gesundheit und soziale Situation in armen Gesellschaften eher verschlechtert. Und die Kooperation mit NGOs soll, aus Sicht der Unternehmen, den Junkfood-Verkauf weiter anheizen. Kurz, den Nutzen aus der Kooperation für einen kleinen Teil ihrer Klientel erkaufen NGOs mit potentiell hohem Schaden für arme Gesellschaften insgesamt. Das erscheint als ethisch zumindest fragwürdig. Und es kann die Glaubwürdigkeit der Organisationen beeinflussen.

Zweitens haben NGOs nicht nur die Aufgabe, mit ihren Projekten die Situation armer Gesellschaften zu verbessern. Sie haben auch die Aufgabe, als so genannte *watchdogs*, gesellschaftliche Wachhunde, legitime Interessen armer und marginalisierter Menschen zu verteidigen – auch und gerade gegenüber Unternehmen, die sich zulasten wehrloser Menschen bereichern. Andererseits jedoch kann eine NGO, die Millionenbeträge von einem Unternehmen erhält, dieses nur begrenzt kritisieren. Wird es dem Unternehmen zu bunt, finanziert und nutzt es fortan eine andere NGO.

Dieser unbestreitbare doppelte Interessenskonflikt wird oft, mit viel vorgeblichem Glauben an das Gute im Menschen, heruntergespielt. Im oben erwähnten Artikel der Zeitschrift *Public Health Nutrition* porträtieren Vertreter von WHO, Save the Children und Wissenschaft Partnerschaften zwischen NGOs und Unternehmen als unproblematisch, wenn bestimmte Regeln eingehalten werden:

»Die Partner müssen gegenseitiges Vertrauen und eine offene Kommunikation entwickeln, um festzustellen, wo gewinnorientierte Aktivitäten und das Interesse der öffentlichen Gesundheit sich decken oder im Konflikt miteinander stehen. [...] NGOs müssen Akteure des privaten Sektors in Bereichen, die mit der Partnerschaft nichts zu tun haben, unabhängig kritisieren können. [...] Organisationen können Bestimmungen, Ergebnisse und Nutzen von Partnerschaften transparent und explizit in klar formulierten Verträgen festhalten.« (Kraak et al. 2012)

Sprecher lokaler NGOs in Entwicklungsländern halten eine solche Argumentation für blauäugig. Wenn Save the Children mit Unilever Hygiene-Projekte betreibe, helfe das zwar gegen Mangelernährung, meint S'bongiseni Vilakazi, Leiter von The Valley Trust, einer Partnerorganisation von Brot für die Welt in Südafrika. »Zugleich aber lässt die Kooperation die gesamte Produktpalette von Unilever in positivem Licht erscheinen« – auch das Knorr-Junkfood also. »Ich sehe da einen großen Interessenskonflikt.« (Vilakazi 2015)

Wer aus einer Hand fresse, werde diese Hand niemals beißen, sagt in Indien der Kinderarzt und IBFAN-Koordinator Arun Gupta (Gupta 2015). Wenn ein Unternehmen Millionen in eine NGO pumpe, mache es diese abhängig, meint der Sprecher der Right to Food Campaign Biraj Patnaik. Daraus folge: »Jede NGO muss sich entscheiden: Will sie ›*business-interest*-NGO‹ sein und den Interessen des Privatsektors dienen? Oder will sie dem öffentlichen Interesse dienen? Und die Organisationen werden diese Entscheidung ziemlich bald treffen müssen, weil sie ansonsten ihre Legitimität verlieren.« (Patnaik 2015)

Auch Vandana Shiva, Trägerin des renommierten *Right Livelihood Award* (»alternativer Nobelpreis«), zeigt sich skeptisch: »Viele NGOs geraten gerade in eine tiefe Krise: Sie werden von privaten Konzernen für eine Weile benutzt; dann hören die Menschen auf, ihnen zu trauen; sie werden selbst als Unternehmen angesehen und verlieren den Zugang zu den Menschen.« (Shiva 2015)

### 6.3.2 Die Beispiele Save the Children und Oxfam

Die meisten deutschen NGOs der Entwicklungszusammenarbeit – insbesondere Misereor, Brot für die Welt und die Deutsche Welthungerhilfe – kooperieren nur mit mittelständischen Unternehmen, deren Interessen nicht mit den ihrigen konkurrieren.

Sämtliche NGOs, zu denen der Autor recherchierte, betonen, sorgsam bei der Auswahl der Partner vorzugehen und Interessenskonflikte zu vermeiden. Trotzdem akzeptieren zahlreiche, vor allem internationale, NGOs Millionen Euro von *Big Food* bzw. dessen Stiftungen. Zu diesen NGOs zählen Save the Children, Oxfam, Care International, Mercy Corps, Africare, Concern Worldwide und World Vision.

Ein Beispiel aus Deutschland: Das Deutsche Kinderhilfswerk, das sich in hohem Maße einer gesunden Ernährung von Kindern verpflichtet sieht (Deutsches Kinderhilfswerk e.V. o.J.), erhielt von 2012 bis 2016 mehr als eine Million Euro von Coca-Cola (Coca-Cola 2017); 2015 bekam das Werk 150.000 Euro von Unilever und 145.000 Euro aus Spendendosen, die in Restaurants der Fastfood-Kette Burger King aufgestellt waren (Deutsches Kinderhilfswerk e.V. 2016).

Die Millionenbeträge, die im Rahmen solcher Partnerschaften fließen, sind bedeutend für die meisten der NGOs. Für die Unternehmen handelt es sich um »Peanuts«: Allein die zehn größten Nahrungsmittelunternehmen der Welt investieren jährlich fast 30 Milliarden US-Dollar in Werbung.

Wie (un-)glaubwürdig NGOs in ihren Beziehungen zu *Big Food* handeln, zeigt beispielhaft ein Blick auf die Organisationen Save the Children und Oxfam.

### Save the Children

Save the Children, mit Hauptquartier in Großbritannien, ist die wohl finanzstärkste Hilfsorganisation der Welt – mit einem Jahresbudget von mehr als zwei Milliarden US-Dollar. Die Organisation hat sich große Verdienste erworben im Einsatz für Kinderrechte, bessere Ernährung, Gesundheitsfürsorge und Bildung für Kinder.

Save the Children hat auch, gemeinsam mit dem UN-Kinderhilfswerk UNICEF, die *Children's Rights and Business Principles* entwickelt. Danach sollen Unternehmen mit ihren Produkten und ihrer Werbung nicht die Gesundheit von Kindern gefährden. Trotzdem unterhält Save the Children, in höherem Maße als jede andere NGO, Partnerschaften mit Konzernen, die notorisch gegen diese freiwillige Charta verstoßen. Solche Partnerschaften porträtieren die Konzerne als engagierte Vertreter gesunder Ernährung für Kinder – während die Konzerne tatsächlich skrupellos krank machendes Junkfood auch an Kinder vermarkten.

Mit Unilever zum Beispiel betreibt Save the Children in China, Kenia, Nigeria und Pakistan Projekte, die Kinder- und Müttersterblichkeit reduzieren sollen. 2012 sagte Unilever Zahlungen von insgesamt 15 Millionen Euro über drei Jahre zu.

Die PepsiCo-Stiftung fördert ein Programm von Save the Children, das den Zugang von US-amerikanischen Kindern zu gesunden Nahrungsmitteln verbessern und Bewusstsein über das Problem der Fettleibigkeit schaffen soll. PepsiCo sagte 2012 eine Million US-Dollar über drei Jahre zu.

Die Stiftung des Süßwarenkonzerns Mondelēz International hilft Save the Children bei der Gesundheitsaufklärung in mehreren Ländern: Eltern, Lehrer und Kinder sollen lernen, die richtigen Nahrungsmittel zu wählen. Mondelēz hat Save the Children seit 2009 mit 13 Millionen US-Dollar unterstützt.

Die Wrigley Company Foundation, die zum Süßwarenproduzenten Mars gehört, unterstützt ähnliche Programme – mit 6,6 Millionen US-Dollar seit 2011 (Save the Children 2015).

Eine Interessenskonflikte ignorierende und daher ethisch fragwürdige Handlungsweise von Save the Children zeigt sich auch in den Umständen einer weiteren Unternehmenspartnerschaft: Am 2. Juli 2012 verkündet James Cole, damals stellvertretender Justizminister der USA, eine der höchsten Strafen für ein Unternehmen in der US-Geschichte: drei Milliarden US-Dollar. Der britische Pharma-Konzern GlaxoSmithKline hat sich schuldig bekannt, Hunderte Ärzte mit kostenlosem Schnorchelurlaub auf Hawaii und Tickets für Madonna-Konzerte bestochen zu haben. Die Ärzte sollten Kindern das Antidepressivum Paxil verschreiben, das nicht für Kinder zugelassen war. Der Konzern hat sich auch schuldig bekannt, Studien, die auf damit verbundene Gefahren verwiesen, unterschlagen zu haben.

Wenige Monate später besiegelt die NGO Save the Children ihre bislang umfangreichste Partnerschaft überhaupt – eine Partnerschaft über 20 Millionen Euro mit, ausgerechnet, GlaxoSmithKline.

Save the Children schreibt in einer Stellungnahme: »Wir haben eine langfristige Partnerschaft mit vielen Unternehmenspartnern; und diese Partnerschaft gründet auf deren Unterstützung für unsere Arbeit und Mission. [...] Ihre Interessen haben niemals Priorität gegenüber den Interessen der Kinder, die wir unterstützen.« (Save the Children 2015)

Zweifelhaft erscheint diese Behauptung von Save the Children angesichts einer weiteren Begebenheit: Save the Children unterstützte in den USA 2009 und 2010 engagiert die Forderung, zuckergesüßte Softdrinks mit einer Sondersteuer zu belegen; sie gefährdeten Kindergesundheit. Save the Children förderte entsprechende Kampagnen in den US-Bundesstaaten Mississippi, New Mexiko und Washington sowie in den Städten Philadelphia und Washington D.C.

Im Oktober 2010 jedoch verschickte Save the Children eine Rundmail, in der die Organisation bekannt gab, die Forderung nach einer solchen Steuer fortan nicht mehr zu unterstützen. Wenig später wurde bekannt, dass Save the Children kurz zuvor von PepsiCo fünf Millionen US-Dollar erhalten hatte. Und die Organisation stand in Verhandlungen mit Coca-Cola über eine ähnlich hohe Zuwendung. Dazu befragt, bestritt Save the Children, dass diese Spenden irgendetwas mit der Kehrtwende der Organisation in Sachen Sodasteuer zu tun hätten (Neuman 2010, O'Connor 2016).

### Oxfam

Die Organisation Oxfam, mit Filialen in 17 Ländern weltweit und einem Budget von einer Milliarde Euro pro Jahr, gilt als vehementer Kämpfer für die Armen dieser Welt und als einflussreicher gesellschaftlicher *watchdog*, der Menschenrechtsverletzungen sowie ökologisch und sozial schädliche Aktivitäten großer Konzerne anprangert. Mit einigen dieser Konzerne kooperiert Oxfam freilich: Coca-Cola hat jahrelang Oxfam-Wasserprojekte finanziert. Der Unilever-Konzern bezahlt Hygiene- und Wasserprojekte in Thailand, Kambodscha und Mexiko.

Aber, so meint Steffen Küßner, Sprecher von Oxfam Deutschland: »Diese Kooperationen ändern nichts an unserer grundsätzlich kritischen Haltung zu den Unternehmen und zu dem, was sie tatsächlich auch an negativen Auswirkungen immer wieder zeitigen.« (Küßner 2016)

Tatsächlich prüft Oxfam im Rahmen seiner seit 2013 laufenden Kampagne »Behind the Brands«, wie es die zehn größten Nahrungsmittelkonzerne der Welt mit Frauen- und Arbeitnehmerrechten halten, ob sie Landrechte von Bauern respektieren, wie sie mit Wasser und dem Klima umgehen. Die Organisation verteilt Punkte und erstellt eine Rangliste. An deren Spitze stehen bislang meist Nestlé und Unilever, die damit auch gern werben.

Oxfam untersucht die Konzerne allerdings nicht in dem Bereich, in dem sie den vielleicht größten Schaden verursachen – in ihrem Kerngeschäft: Sie drängen Milliarden Menschen gesundheitsschädliche Nahrungsmittel und Getränke auf – mit der Folge der dargestellten Pandemie von Fettleibigkeit, Diabetes und Herz-Kreislauf-Erkrankungen. Und betroffen sind insbesondere Menschen in Entwicklungs- und Schwellenländern, die zugleich an Mangelernährung leiden.

Kritik an diesem Kerngeschäft der Unternehmen würde nicht nur die Arbeitsmethoden der Unternehmen infrage stellen, sondern – zumindest in einigen Fällen – ihr Geschäftsmodell insgesamt. Warum vermeidet Oxfam solche Kritik in seiner Kampagne?

»Unser Ansatz mit ›Behind the Brands‹ war, unsere Kernexpertise abzubilden und dort einen Beitrag zu leisten, wo andere Kampagnen eine Lücke haben«, sagt Oxfam-Sprecher Küßner. »Es ist jetzt nicht einfach etwas, was man ausgelassen hat, um die Unternehmen zu schonen, sondern um eine Konsistenz unserer Arbeit zu gewährleisten. Natürlich sind Ernährungsprobleme, Fettleibigkeit, ein Problem armer Menschen. Aber sie sind nicht die Ursache von Armut, sondern häufig eine Folge davon.« (Küßner 2016)

Oxfam erstellt auch Studien zum sozialen und ökologischen Verhalten von Nahrungsmittelkonzernen – in enger Zusammenarbeit mit diesen Konzernen.

So hat Oxfam Großbritannien 2013, versehen mit einem Vorwort von Unilever, eine Studie veröffentlicht, die Arbeitsbedingungen bei Unilever-Zulieferern in Vietnam beleuchtet. Bei der Vorstellung der Studie, die in moderatem Ton lobt und kritisiert, sagte Unilever-Chef Paul Polman der britischen Zeitung *The Guardian*: »Dieser Bericht beleuchtet Bereiche, wo wir noch eine Menge tun müssen. Und wir haben zugestimmt, dass Oxfam diesen Bericht veröffentlicht – als Mittel, die Debatte insgesamt zu stimulieren und andere Firmen zu ermutigen, es so wie wir zu machen.«

Oxfam America hat, mit Vorworten von Coca-Cola und dem Brauereikonzern SABMiller, 2011 eine Studie darüber veröffentlicht, wie die beiden Konzerne zur Armutsbekämpfung in El Salvador und Sambia beitragen. Die Unternehmen hätten Tausende Arbeitsplätze geschaffen und Armut deutlich reduziert, heißt es darin; zugleich werden in moderatem Ton prekäre Arbeitsbedingungen von Mitarbeitern kritisiert.

Festzuhalten ist: Oxfams gemeinsam mit den Konzernen erstellte Studien führten zu einem positiven Medienecho für alle Beteiligten: für Oxfam, Coca-Cola, SABMiller und Unilever. Zum Zweck der Studien sagt Steffen Küßner von Oxfam Deutschland: »Es gibt Berichte, die das Ziel verfolgen, die Bevölkerung zu mobilisieren, und andere, in Unternehmen die Kräfte zu stärken, die tatsächlich auch an Veränderungen in ihren Unternehmen arbeiten. [...] Insofern kann man sagen, dass die [oben genannten] Berichte gegenüber Kampagnenmaterialien vielleicht einen unterschiedlichen Duktus haben, aber in der Sache sehr klar sind.«

Professor Marion Nestle, eine der bekanntesten Ernährungswissenschaftlerinnen der USA, hält Oxfams Doppelstrategie für einen wenig überzeugenden Spagat. Die Expertin sieht »ernste Fragen bezüglich der Glaubwürdigkeit Oxfams« (Nestle 2015) und fragt in ihrem viel gelesenen Blog *Food Politics*: »Warum hilft Oxfam America Coca-Cola dabei, seine Produkte in Lateinamerika und Afrika zu vermarkten?« (Nestle 2011)

## 6.4 *Big Foods* Einfluss auf Wissenschaft und Gesundheitswesen

*Big Food* sieht sich in immer mehr Ländern durch negative Publicity, Vermarktungsbeschränkungen und Sondersteuern für Junkfood und Sodagetränke bedroht. Entscheidungen dazu werden von Ärzten, Ernährungswissenschaftlern und anderen Experten des Gesundheitswesens vorbereitet – auf wissenschaftlicher Grundlage. Will *Big Food* solche Entscheidungen beeinflussen, muss es also Wissenschaft und Gesundheitswesen beeinflussen. Und die Konzerne müssen Unterschiede zwischen unabhängiger und von ihnen finanzierter Forschung verwischen.

### Partnerschaft mit öffentlichen Forschungseinrichtungen

Weltweit finanzieren große Unternehmen, aus unterschiedlichen Interessen heraus, einen erheblichen Teil der Forschung an Universitäten und anderen öffentlichen Forschungseinrichtungen. Deutsche Hochschulen zum Beispiel erhalten jährlich mehr als 1,3 Milliarden Euro an so genannten Drittmitteln aus der gewerblichen Wirtschaft.

*Big Food* kooperiert mit Universitäten, Fachschulen, Berufsverbänden von Ärzten und Ernährungsexperten und anderen Organisationen des Gesundheits- und Ernährungswesens. Das offensichtliche Ziel solcher Kooperation ist es, die Forschung zu beeinflussen und Multiplikatoren zu rekrutieren, die in Politik, Rechtswesen und Bevölkerung industriegenehme Einstellungen verbreiten. Besonders erbittert bekämpft *Big Food* Initiativen, die Junkfood mit Vermarktungsbeschränkungen oder Steuern belegen wollen.

Auf diesem Feld operieren die Konzerne seit Jahrzehnten: Schon in den 1960er Jahren finanzierte die von der Industrie gegründete Sugar Research Foundation Forscher der Universität Harvard, die in der Folge hohen Zuckerkonsum als Ursache für Herz-Kreislauf-Erkrankungen entlasteten und stattdessen Fett verantwortlich machten (Kearns et al. 2016). Neuere Beispiele:

- In Indien unterzeichnete Nestlé 2010 eine Vereinbarung mit vier staatlichen Universitäten. Danach betreiben die Firma und die zuständigen Fakultäten gemeinsam Programme der Ernährungserziehung für Schulmädchen. Eine Anfrage aus der Zivilgesellschaft, was genau die Abkommen beinhalten, leitete die Punjab Agriculture University an Nestlé weiter. Die Firma antwortete: »Die Inhalte unserer Programme sind kommerzieller und vertraulicher Natur; die Offenlegung könnte unserer Position im Wettbewerb schaden.« (Gupta et al. 2014)
- Dem Danone-Konzern ist wissenschaftliche Unterstützung für seine Produkte (Joghurt, Babynahrung) besonders wichtig, da Danone gern mit Gesundheitsversprechen arbeitet. Das Unternehmen nennt als seine Forschungspartner: die Universität von Southampton (Großbritannien), das Nationale Institut für Agronomieforschung in Frankreich, das französische Centre de coopération internationale agronomique pour le développement, das Institut Pasteur, die Universität Utrecht (Niederlande), die Universität Adelaide (Australien) und die Nationaluniversität von Singapur. Zu der Zusammenarbeit schreibt Danone auf seiner Webseite: »Die Ergebnisse dieser wissenschaftlichen Zusammenarbeit werden auf internationalen Kongressen kommuniziert – durch Vorträge und Poster. Die Ergebnisse werden überdies veröffentlicht in führenden wissenschaftlichen Fachzeitschriften, deren Inhalte der Überprüfung (*peer review*) durch Fachkollegen und wissenschaftliche Komitees unterliegen.« (Danone 2015b)
- Die »Sight and Life«-Stiftung des Nutrazeutika-Konzerns DSM erforscht die Anreicherung von Grundnahrungsmitteln u.a. mit der John-Hopkins-Universität in Baltimore und der University of California, Davis (Kraemer 2015).
- Die amerikanische Academy of Nutrition and Dietetics wird u.a. von PepsiCo, General Mills, Kellogg, Coca-Cola und Unilever unterstützt. Dieser größte US-Verband von Ernährungsexperten sieht als seine Aufgabe, gesunde Ernährung in den USA zu fördern und die Zukunft der Ernährungslehre zu gestalten. Als

aber New York Citys damaliger Bürgermeister Michael Bloomberg 2012 extragroße Cola-Becher verbieten wollte, weigerte sich die Academy, das Anliegen zu unterstützen; angeblich stünden dem Forschungsergebnisse entgegen. Im selben Jahr erhielt die Academy of Nutrition and Dietetics 525.000 US-Dollar von Coca-Cola, 2013 noch einmal 350.000 US-Dollar (O'Connor 2016).

- In den Jahren von 2012 und 2014 akzeptierte die American Diabetes Association 140.000 US-Dollar von Coca-Cola (O'Connor 2016).
- Die American Society for Nutrition (ASN) ist die weltweit bekannteste wissenschaftliche Einrichtung der Ernährungsforschung. Sie wird jedoch in frappierend hohem Maße von *Big Food* finanziert. Als so genannte *sustaining partners*, die jährlich mindestens 10.000 US-Dollar spenden, weist die ASN unter anderem aus: den Agrarkonzern Cargill, den Agrarchemie-Konzern Monsanto, mehrere Pharma-Konzerne, die Nahrungsmittelkonzerne Kellogg, Coca-Cola, Mars, Kraft Heinz, Mondelēz International, Nestlé (über das Nestlé Nutrition Institute), McDonald's und PepsiCo. Als offizielle Gegenleistung werden die *sustaining partners* in den Print- und Online-Veröffentlichungen der Gesellschaft herausgestellt; sie dürfen sich überdies bei Bildungsveranstaltungen der Gesellschaft sowie bei der Vergabe von Stipendien und Preisen als »Partner erster Wahl« darstellen (Simon 2015).
- 2014 gründete Coca-Cola gemeinsam mit der University of Colorado und der University of South Carolina das »Global Energy Balance Network«. Das Netzwerk sollte, finanziert von Coca-Cola, die wissenschaftliche Auffassung fördern, dass man Fettleibigkeit vor allem mit Sport bekämpfen müsse, nicht aber mit weniger Konsum von Junkfood und Softdrinks. Aufgrund massiver Kritik aus Wissenschaft und Zivilgesellschaft ging das Netzwerk nach einem Jahr sang- und klanglos ein (Liebrich 2015).

- Die Berliner Charité ließ von 2011 bis 2015 ihre Forschung zu Herzerkrankungen von Coca-Cola finanzieren – mit insgesamt einer Million Euro (Foodwatch 2016b).

### Finanzierung von Kongressen

Die Nahrungsmittelindustrie finanziert auch zahlreiche Fachkongresse. Als Gegenleistung dürfen Industrievertreter Vorträge halten, bauen in Foyers Stände auf und können Kontakte knüpfen. Beispiele aus 2014/15:

- Der 20. Internationale Ernährungskongress der International Union of Nutritional Sciences wurde von den größten Babymilch-Herstellern mit Beträgen von je 40.000 bis 75.000 Euro unterstützt (Kean 2014).
- Der Zwölfte Asiatische Kongress für Ernährung im Mai 2015 in Yokohama wurde unter anderem von Nestlé, Danone und Unilever finanziert.
- Der Zweite Internationale Kongress Hidden Hunger, den die Universität Hohenheim im März 2015 in Stuttgart veranstaltete, wurde unterstützt von Nestlé, BASF und DSM.

### *Big Foods* eigene Forschungsinstitute

Die Nahrungsmittelindustrie betreibt zahlreiche eigene Forschungsinstitute, für deren Publikationen auch Wissenschaftler im öffentlichen Dienst schreiben. Die Institute der Unternehmen veranstalten auch Fachkonferenzen. Die Konzerne betreiben überdies, zum Teil gemeinsam, wissenschaftliche Frontorganisationen. Beispiele:

In einer einzigen Ausgabe von DSMs »Sight and Life«-Magazin schrieben: Prof. Patrick Stover, Direktor der Division of Nutritional Sciences an der New Yorker Cornell University; Prof. Jean-Pierre Habicht und Prof. Gretel Pelto (beide ebenfalls Cornell University), Dr. Ralf Klemm (John Hopkins Bloomberg School of Public Health), Prof. David Thurnham (Universität von Ulster), Prof. Kathryn Dewey (University of California, Davis); mehrere UNICEF/WFP-Autoren; ein leitender Mitarbeiter des sambischen Gesundheitsministeriums; mehrere Forscher der University of British Columbia unter Leitung von Dr. Judy McLean.

Das Nestlé Nutrition Institute gibt die *Annales Nestlé* heraus. Die dreimal jährlich in vier Sprachen erscheinende kinderärztliche und ernährungswissenschaftliche Fachzeitschrift erscheint im Schweizer Karger-Verlag. Auch für die *Annales Nestlé* schreiben zahlreiche international anerkannte Wissenschaftler.

Das International Life Sciences Institute (ILSI) ist eine wissenschaftliche Frontorganisation der Nahrungsmittel-, Agrar-, Chemie- und Pharmaindustrie. Die indische ILSI-Filiale besetzt laut Statuten 51 Prozent der Sitze in ihrem Aufsichtsgremium mit Vertretern des öffentlichen Sektors. In dem Gremium sitzen – neben Vertretern von Coca-Cola, PepsiCo, Kellogg, Mars, Nestlé, DSM und Monsanto – Mitarbeiter mehrerer staatlicher Forschungseinrichtungen; es handelt sich um Vertreter des National Institute of Nutrition (NIN), des Indian Council of Agricultural Research (ICAR) und des Central Food Technology Research Institute (CFTRI) (Holla 2011).

### Finanzierung von Fachzeitschriften und deren Autoren

Auch zahlreiche wissenschaftliche Fachzeitschriften und Forscher haben finanzielle Beziehungen zu *Big Food*. Viele Fachzeitschriften finanzieren sich aus Anzeigen der Industrie – pharmazeutische Fachzeitschriften zu bis zu 98 Prozent. Immer wieder dringen vor diesem Hintergrund Skandale der Selbstzensur zugunsten der Industrie ans Licht der Öffentlichkeit (Bartens 2015).

Derweil steigt die Zahl der Zeitschriften, die man online kostenlos lesen kann (*open access*). Bekannte Beispiele dafür sind *BioMedCentral* und *PLOS*. Doch es gibt einen Haken: Autoren müssen oft mehrere Tausend Euro für die Veröffentlichung eines kurzen Aufsatzes zahlen. Universitäten weltweit können solche Beträge oft nur aus von der Industrie bezogenen Drittmitteln finanzieren (van Noorden 2013); in Open-Access-Zeitschriften finden sich denn auch viele Beiträge industrienaher Autoren.

So warben mehrere PepsiCo-Autoren 2010 im *American Journal of Public Health* für die Führungsrolle der Industrie im Kampf gegen Unterernährung und Mangelernährung (Yach et al. 2010). Ein weiteres Beispiel: 2013 veröffentlichte *BioMedCentral* eine von Nestlé finanzierte Studie zu Mikronährstoffdefiziten von Kleinkindern auf den Philippinen; die Finanzierung durch den Konzern gaben die Autoren allerdings nicht, wie vorgeschrieben, unter der Rubrik »konkurrierende Interessen« an, sondern versteckt in den Danksagungen (Wieser et al. 2013).

Ein noch brisanterer Fall: Zwei führende Autoren der einflussreichen Serie der Zeitschrift *The Lancet* zum Kampf gegen Mangelernährung (2013) erklärten einen Interessenskonflikt (Black et al. 2013): Die Autoren Robert Black und Venkatesh Mannar sind Mitglieder des Nestlé Shared Value Advisory Council. Nach Angaben von Nestlé erhalten dessen Mitglieder eine Entschädigung von jährlich 25.000 Schweizer Franken, wenn sie an mindestens einer Sitzung pro Jahr teilnehmen (Gupta et al. 2014, Nagarajan 2014).

In Interessenskonflikte verwickelte Forscher betonen regelmäßig ihre wissenschaftliche Unabhängigkeit. Eine in der Zeitschrift *PLoS Medicine* veröffentlichte (und inzwischen mehrfach bestätigte) Studie aber zeigt auf: Von der Industrie finanzierte Studien zu Ernährungsfragen kommen vier- bis achtmal so häufig zu für die Industrie positiven Ergebnissen wie unabhängig finanzierte Studien (Lesser et al. 2007).

Frisches Obst und Gemüse ist in vielen Ländern inzwischen teurer als Junkfood. Es könnte mit Steuern auf Junkfood subventioniert werden.

# 7. Selbstverteidigung

## Strategien für den angemessenen Umgang mit Junkfood-Konzernen

Chronische Mangelernährung und *stunting*, die arme Gesellschaften weltweit verstümmeln, gehen nur langsam zurück. Und es bedarf gewaltiger Anstrengungen, jene Ziele zu erreichen, die die Weltgesundheitsorganisation WHO der internationalen Gemeinschaft für 2025 gesetzt hat: 40 Prozent weniger *stunting* bei Kindern unter fünf Jahren, 50 Prozent weniger Anämie bei Frauen im gebärfähigen Alter. Noch schwerer zu erreichen ist das nachhaltige Entwicklungsziel der UN, alle Formen der Mangelernährung bis 2030 zu überwinden.

Dazu zählt auch die Pandemie des Übergewichts und seiner Folgeerkrankungen in armen Ländern, die sich mit unverminderter Geschwindigkeit weiterverbreitet. *Big Food* nutzt bedenkenlos den globalen Ernährungswandel, um lokale Ernährungssysteme aufzubrechen und sie durch den Konsum ungesunder Industrieprodukte zu ersetzen.

Der Kampf gegen Mangelernährung mit Nutrazeutika, synthetischen Mikronährstoffen, schwächt derweil nicht nur die Auseinandersetzung mit den Ursachen von Mangelernährung; er legitimiert zudem die Expansion von *Big Food* in armen Ländern. Doch unbestritten macht auch angereichertes Junkfood weiter dick und krank; und es ist zweifelhaft, inwieweit zugefügte synthetische Nährstoffe überhaupt wirksam gegen Mangelernährung sind.

Dem Treiben von *Big Food* widerstandslos zuzusehen, verbietet sich wegen des unermesslichen menschlichen Leids und der gigantischen wirtschaftlichen Folgen, die es verursacht. Außerdem gilt, wie Autoren der medizinischen Fachzeitschrift *The Lancet* resümieren: »Nach Feststellungen der Weltgesundheitsorganisation könnte die Reduzierung von vier Risikofaktoren – ungesunder Nahrungsmittel, körperlicher Inaktivität, Tabak- und Alkoholkonsums – 80 Prozent der Herz-Kreislauf-Erkrankungen und des Typ-2-Diabetes verhindern; dazu mindestens ein Drittel aller Krebserkrankungen. Diese nicht ansteckenden Erkrankungen werden die globale Wirtschaft in den nächsten 20 Jahren rund 47.000 Milliarden US-Dollar kosten, wobei ungesunde Nahrung das Rauchen als wichtigsten Risikofaktor weltweit abgelöst hat.« (Rockström et al. 2016)

Es liegt auf der Hand: Die Expansion von Junkfood und Zuckergetränken muss gestoppt werden. Dies allerdings ist mühsam und langwierig. Das zeigt der jahrzehntelange Kampf gegen *Big Tobacco*.

Auch die Nahrungsmittelkonzerne wehren sich erbittert gegen Vermarktungsbeschränkungen für ihre krank machenden Produkte. Sie variieren dabei vor allem drei Argumente, die sie mit allen Mitteln des Marketing und der politischen Einflussnahme der Öffentlichkeit zu »verkaufen« suchen.

Erstens betonen die Konzerne, dass es für den Tabakkonsum kein unbedenkliches Maß gebe, für den Konsum fast aller Nahrungsmittel jedoch schon. Das stimmt: Ein Glas Cola, ein Stück Schokolade oder ein paar Chips dann und wann schaden nicht. Der Haken aber ist: Junkfood (zum Beispiel Instant-Nudeln in Asien) und Süßgetränke werden den Menschen als Hauptnahrungsmittel aufgedrängt – mit aggressiver Werbung und Gesundheitsversprechen, in süchtig machender Zusammensetzung. So machen diese Nahrungsmittel krank; und es gibt keinen Grund, sie anders zu behandeln als Tabak.

Zweitens fordert *Big Food*, dass in freien Gesellschaften jeder Bürger auch frei entscheiden müsse und könne, was er nach seinem Geschmack isst oder trinkt. Wenn Behörden Junkfood schwerer zugänglich bzw. teurer machen, malen die Konzerne unverzüglich das Zerrbild des überfürsorglichen Staates, der seine Bürger bevormunde und zudem die Ärmsten diskriminiere.

In der Tat sollte keine Behörde den Menschen vorschreiben, was sie zu essen und zu trinken haben. Viele Menschen in armen Gesellschaften aber leben in einer Welt, wo gesunde Nahrungsmittel schwer erreichbar und teuer sind – auch infolge des aggressiven Marketings der Junkfood-Konzerne. Zur puren Not der Menschen kommt dann noch verbreitete Unwissenheit. Und die nutzen die Konzerne nach Kräften aus – mit verführerischer Werbung und Verpackungsgestaltung. Da ist es wenig verwunderlich, dass sich viele Menschen für leicht erreichbares, appetitlich aussehendes und wohlschmeckendes Junkfood entscheiden; oft werden sie dann noch süchtig danach. Kurzum, sehr viele Konsumenten von Junkfood sind gar nicht frei in ihrer Entscheidung – und angesichts des hohen Krankheitsrisikos, das gerade arme Menschen mit dem Junkfood-Konsum eingehen, bedürfen sie zweifellos eines behutsamen Schutzes.

Drittens argumentieren die Konzerne gerne auch, dass staatliches Handeln gegen Junkfood Arbeitsplätze koste. Die Herstellung verpackter Lebensmittel und Getränke jedoch ist hoch automatisiert und beschäftigt nur wenige Arbeitskräfte. Und Studien zeigen, dass die Verteuerung von Soda-Getränken die Zahl der Arbeitsplätze eher erhöht: Die Konsumenten geben das gesparte Geld für Produkte aus, die arbeitsintensiver hergestellt werden (WHO 2015d).

Gehen Behörden trotz allen Agitierens der Konzerne gegen Junkfood und Süßgetränke vor, ziehen die Unternehmen bzw. ihre Interessenverbände häufig vor Gericht – insbesondere in den USA. Um eine Besteuerung von Süßgetränken in der kalifornischen Stadt Berkeley zu vermeiden, wandte die American Beverage Association nach Schätzungen elf Millionen US-Dollar auf (Gostin 2016).

Auch der Gefahr, dass Bürger ihrerseits die Konzerne wegen durch Junkfood erlittener Gesundheitsschäden verklagen, begegnet *Big Food* mit juristischen Maßnahmen: Der American Legislative Exchange Council, ein konservativer, von der Industrie finanzierter *think tank*, hat dafür ein Modellgesetz entwickelt. Es verbietet dem US-Bürger, Unternehmen etwa deshalb zu verklagen, weil er durch den Verzehr von deren Nahrung fettleibig und/oder Diabetiker geworden ist. Die Begründung: Der US-Bürger habe regelmäßig frei entschieden, das betreffende Junkfood zu konsumieren. Das Modellgesetz ist inzwischen, leicht modifiziert, geltendes Recht in 25 US-Staaten (Gostin 2016).

Kurzum, *Big Food* hat heute ein gut gefülltes Arsenal von Waffen in der Hand, seine Interessen durchzusetzen – in Industrieländern und insbesondere in armen Ländern mit schwachen staatlichen Institutionen.

Wasser auf die Mühlen der Konzerne ist es überdies, dass lokale Ernährungssysteme in vielen Ländern (inzwischen) sehr schwach sind. Der Junkfood-Konsum hat sich derart verbreitet, dass es eines langen Atems bedarf, praktikable Alternativen zu rehabilitieren bzw. neu zu etablieren.

Umso wichtiger ist es, endlich einen zielgerichteten Kampf gegen die Ernährung mit Junkfood und für gesunde Ernährung aufzunehmen. Damit dieser Kampf Erfolg hat, müssen allerdings alle an einem Strang ziehen: Regierungen, zivilgesellschaftliche Organisationen, internationale Institutionen, Einrichtungen und Mitarbeiter des Gesundheits- und Bildungswesens, Wissenschaftler. Die folgenden zehn Punkte skizzieren einige der nötigen Maßnahmen.

## 1. Kein Vertrauen auf freiwilliges Handeln der Industrie

Angesichts zunehmender Kritik versucht *Big Food* seit einiger Zeit, staatlichen Maßnahmen zum Schutz der Bürger vor Junkfood zuvorzukommen. Konzerne erklären sich, meist sehr allgemein, bereit, das Marketing ungesunder Produkte »freiwillig« einzuschränken; sie wollen auch den Zucker-, Salz- und Fettgehalt einiger Produkte »freiwillig« reduzieren.

Zu den freiwilligen Maßnahmen der Industrie zählt der Access to Nutrition Index (ATNI) der Organisation GAIN. Der Index untersucht 25 große Nahrungsmittel- und Getränkeunternehmen in ihren Bemühungen um gesunde Ernährung und gruppiert sie in einer Rangliste. Die Kriterien allerdings sind weich; und sie berücksichtigen ausschließlich von den Unternehmen freiwillig bereitgestellte, schwer überprüfbare Informationen.

Das Kernproblem der Nahrungsmittelkonzerne sei, dass eine verstärkte Produktion gesünderer Produkte ihren Gewinn stark mindere, erklären Ernährungswissenschaftler in der Fachzeitschrift *PLOS Medicine*. Die Existenzgrundlage der Konzerne nämlich seien Produkte, »deren Marktpotential fast untrennbar verbunden ist mit einem hohen Anteil an Zucker, Salz und Fett als Geschmacksträger« (Stuckler & Nestle 2012).

Teile der unter öffentlichem Druck stehenden Industrie bemühen sich durchaus, die Anteile an Zucker, Salz und Fetten in ihren Produkten zu reduzieren und sie durch synthetische Geschmacksträger zu ersetzen. Dafür und für die auch sonst gesündere Gestaltung der Produkte (Zutaten wie Ballaststoffe und Vollkorn etc.) gibt es allerdings nur geringen Spielraum. Ignoriert ein Produzent die Grenzen dieses Spielraums, werden seine Produkte deutlich teurer in der Herstellung, weniger haltbar und weniger schmackhaft; sie sind dann nur noch schwer verkäuflich in armen Gesellschaften. Verkaufs- und Marktchancen jedoch sind das maßgebliche Kriterium der Konzerne bei der Gestaltung ihres Produkt-Portfolios: Gepusht werden die Produkte mit dem größten Marktpotential – egal, ob sie gesund sind oder krank machen. Das zeigt, beispielhaft, Danones Vermarktung der noch relativ neuen Aquadrinks.

Angesichts dieser Marktlogik kommt GAIN's ATNI-Projekt in einer Untersuchung zu dem Ergebnis: »Von 22 untersuchten großen Nahrungsmittel- und Getränkefirmen hatte die Hälfte sich zum Ziel gesetzt, Salz, Zucker und zugesetzte Fette zu reduzieren. Praktisch keine Firma hatte sich zum Ziel gesetzt, die Menge gesundheitsfördernder Zutaten (wie Vollkornprodukte, Obst und Gemüse) in ihren Produkten zu erhöhen oder den Zugang zu gesunden Produkten zu verbessern.« (IFPRI 2016)

Zahlreiche Experten sehen vor diesem Hintergrund wenig Sinn darin, immer nur mahnende Appelle an die Konzerne zu richten. Im Gegenteil: Um den Schaden, den *Big Food* anrichtet, zu minimieren, bedürfe es massiven gesellschaftlichen Drucks, staatlicher Zwangsmaßnahmen und intensiver Aufklärung der Verbraucher auch in armen Ländern. Der renommierte US-Ernährungswissenschaftler Kelly Brownwell schreibt unverblümt: »Die Nahrungsmittelindustrie muss reguliert werden, um das öffentliche Wohl zu schützen.« (Brownwell 2012)

Als Vorbild für eine Regulierung sieht der britische Ernährungswissenschaftler Barrie Margetts das Rahmenabkommen der WHO zur Eindämmung des Tabakgebrauchs. Diesem Abkommen haben fast alle Länder weltweit zugestimmt; und viele haben es in nationale Bestimmungen umgesetzt.

Das Tabak-Rahmenabkommen sieht vor: steuerliche Maßnahmen, um die Nachfrage zu senken; eine Reglementierung der Inhaltsstoffe; Warnhinweise auf den Produkten; Werbeverbote; Verbote des Verkaufs an Minderjährige; Verpflichtungen der Industrie, über die Folgen des Konsums aufzuklären und unabhängige Forschung dazu zu finanzieren. In den Industrieländern hat sich im Zuge der Umsetzung dieser Maßnahmen der Tabakkonsum halbiert (Margetts 2015).

Der staatliche Kampf gegen das Rauchen funktioniert jedoch auch in Schwellen- und Entwicklungsländern: Brasiliens Regierung erhöhte Ende der 1990er Jahre die Preise für Zigaretten und verbot das Rauchen in jederlei umschlossenem öffentlichen Raum – mit Ausnahme spezieller Raucherzonen. In der Folge fiel der Tabakkonsum in Brasilien zwischen 1998 und 2003 um 70 Prozent und hat sich auf diesem Niveau stabilisiert (Monteiro & Cannon 2012). Damit Ähnliches mit dem Junkfood-Konsum geschieht, fordert auch die WHO inzwischen eindeutig eine weitgehende Regulierung für Industrienahrungsmittel.

## 2. Steuern auf Junkfood und Subventionen für gesunde Nahrung

Bei einem »technischen Treffen« kamen Experten der Weltgesundheitsorganisation im Mai 2015 »zu dem Schluss, dass es vernünftige und wachsende Belege dafür gibt, dass angemessen gestaltete Steuern auf mit Zucker gesüßte Getränke zu einer proportionalen Verminderung des Konsums führen; insbesondere wenn sie darauf abzielen, den Einzelhandelspreis um 20 Prozent oder mehr zu erhöhen. Ähnlich starke Belege gibt es dafür, dass Subventionen für frisches Obst und Gemüse, die die Preise um zehn bis 30 Prozent reduzieren, zu einem wachsenden Konsum von Obst und Gemüse führen.« (WHO 2015d)

Eine klare Ansage. Und erste Regierungen und Kommunalverwaltungen haben bereits fiskalische Instrumente eingesetzt, um den Konsum von Junkfood und insbesondere gesüßten Getränken zu reduzieren. Einige Beispiele:

- Mexiko führte 2014 eine Steuer von zehn Prozent auf Softdrinks ein; dazu eine Steuer von acht Prozent auf Nahrungsmittel, die mehr als 275 Kilokalorien pro 100 Gramm enthalten. Nach Einführung der Steuern sank der Verkauf von gezuckerten Getränken um zwölf Prozent binnen eines Jahres (Colchero 2016).
- Dänemark führte 2011 eine Steuer auf Produkte ein, die mehr als 2,3 Prozent gesättigte Fettsäuren enthalten. Große Teile der Bevölkerung kauften solche Produkte daraufhin in Deutschland; und die Industrie leitete rechtliche Schritte auf EU-Ebene ein. Daraufhin nahm die Regierung die Steuer 2013 wieder zurück (WHO 2015d).
- Die Stadt Philadelphia im US-Bundesstaat Pennsylvania wollte 2010 eine Steuer auf Soda-Getränke einführen. Die Getränkeindustrie versprach daraufhin, dem Kinderkrankenhaus der Stadt zehn Millionen US-Dollar zu spenden, wenn die Stadt auf die Steuer verzichtete. Philadelphias Verwaltung nahm das Angebot an – dies wohl auch angesichts der Tatsache, dass *Big*

*Food* regelmäßig US-Kommunen, die Junkfood-Steuern einführen wollen, mit millionenteuren Gerichtsverfahren überzieht (O'Connor 2016). Zum 1.1.2017 führte die Stadt dann doch eine Steuer ein, die einen Viertelliter Cola um etwa zwölf US-Cent verteuert. PepsiCo kündigte daraufhin an, 80 bis hundert seiner Mitarbeiter in Philadelphia zu entlassen (Terruso 2017).

- Die britische Regierung legte im Dezember 2016 einen Gesetzentwurf vor, der – je nach Zuckergehalt – eine Steuer von 18 bis 24 Pence je Liter Süßgetränk vorsieht.
- Frankreich führte 2011 eine Steuer von sieben Cent pro Liter auf gesüßte Getränke ein. Nach Angaben der Regierung ist der Konsum von Softdrinks daraufhin zurückgegangen – insbesondere bei jungen Menschen und Menschen mit niedrigem Einkommen (WHO 2015d).

Angesichts wachsender Belege dafür, dass spezielle Steuern auf Süßgetränke tatsächlich den Konsum reduzieren, zeigen sich in jüngster Zeit immer mehr Verwaltungen bereit, solche Steuern einzuführen – trotz erbitterten Widerstands der Industrie: Irland plant eine Steuer, die die Dose Cola um etwa sechs Euro-Cent verteuern soll, für 2018; Südafrika will eine solche Steuer möglicherweise noch 2017 einführen.

In den USA haben außer Philadelphia inzwischen folgende Kommunen eine Steuer auf Sodadrinks eingeführt: Berkeley (Kalifornien): seit 2015; Oakland (Kalifornien): ab 1.7.2017; Albany und Boulder (Colorado): ab 2017; Cook County einschließlich Chicago (Illinois): ab 1.7.2017. In Seattle (Washington) hat der Bürgermeister dem Stadtrat eine solche Steuer vorgeschlagen.

Die oft von *Big Food* oft vorgebrachte Behauptung, dass Steuern auf Junkfood und insbesondere Soda-Getränke überproportional ärmere Schichten der Bevölkerung treffen, ist korrekt. Aber dies ist, so diskriminierend es klingt, politisch gewollt: Vor allem ärmere Menschen sowie Kinder und Jugendliche mit wenig Geld trinken Softdrinks. Sie sind deshalb gesundheitlich am meisten gefährdet und können am ehesten mit erhöhten Preisen vom Konsum der Drinks abgehalten werden.

Spezielle Steuern auf Junkfood und Softdrinks könnten gerade auch in Entwicklungs- und Schwellenländern zu einer gesünderen Ernährung beitragen – wenn mit den Einnahmen Subventionen auf gesunde Nahrungsmittel (Milch, Eier, Obst, Gemüse) finanziert werden. Vielleicht auch deshalb sprach sich 2013 in einer weltweiten Umfrage die große Mehrheit der Befragten für eine staatliche Regulierung von mit Zucker gesüßten Getränken aus (Tab. 9).

*Tabelle 9: Prozentualer Anteil der Erwachsenen, die eine staatliche Regulierung zuckergesüßter Getränke befürworten*

| | |
|---|---|
| Asien und Mittlerer Osten | 88 |
| Afrika | 86 |
| Nordamerika ohne USA | 85 |
| USA | 58 |
| Lateinamerika und Karibik | 84 |
| Ozeanien | 76 |
| Europa | 73 |
| Welt | 68 |

Quelle: New England Journal of Medicine Januar 2013.

## 3. Regeln für den Zucker-, Salz- und Fettgehalt von Nahrungsmitteln

Regeln für den Gehalt von Zucker, Salz, gesättigten Fettsäuren und Transfetten in Industrienahrung existieren weltweit erst in Ansätzen: Aus in den USA verkauften Produkten müssen die gefährlichen Transfette in den nächsten Jahren verschwinden. Dabei handelt es sich um künstlich gehärtete Fette, die Geschmack, Textur und Haltbarkeit eines Produkts beeinflussen. Transfette sind vor allem in Backwaren und Trockensuppen enthalten; sie begünstigen die Arterienverkalkung. In Deutschland gibt es bis heute keine Grenzwerte für Transfette; es ist nicht einmal vorgeschrieben, sie ausdrücklich auszuweisen.

Zivilgesellschaftliche Organisationen in stark von Übergewicht betroffenen armen Ländern fordern ausdrücklich die Regulierung des Salz-, Zucker- und Fettgehalts von Nahrungsmitteln. Bei Softdrinks und Pizzas zum Beispiel sei dies unbedingt notwendig, sagt der Kapstädter Experte für öffentliche Gesundheit Professor David Sanders. Er sieht allerdings in Südafrika nur geringe Chancen, die Regulierung gegen die politisch einflussreichen Oligopole in Nahrungsmittelproduktion und -vertrieb durchzusetzen (Sanders 2015).

Auch maximale Größen für Softdrink-Flaschen und Softdrink-Portionen in Restaurants können möglicherweise den Verbrauch solcher Getränke reduzieren. Einen Versuch der Stadt New York City, Größenbeschränkungen für ausgeschenkte Soda-Getränke einzuführen, stoppten die Konzerne 2012 mit juristischen Mitteln.

## 4. Vermarktungsbeschränkungen

In den meisten armen Ländern darf Junkfood bis heute fast unbeschränkt vermarktet werden: Gesundheitsversprechen sind nicht verboten; es gibt keine Pflicht, verständlich über Inhalt und Nährwert der Produkte zu informieren. Noch kein Land weltweit habe umfassend die Vermarktung von Junkfood an Kinder geregelt, klagt das International Food Policy Research Institute (IFPRI 2016).

Ansätze gibt es immerhin in Ländern wie Brasilien und neuerdings Chile: Seit Juli 2016 sind in Chile für Produkte mit hohem Gehalt an Zucker, Salz, gesättigten Fettsäuren und Energie Warnhinweise auf der Vorderseite der Verpackung vorgeschrieben. Außerdem dürfen solche Produkte nicht an Kinder unter 14 Jahren vermarktet werden (IFPRI 2016).

Neben der Weltgesundheitsorganisation (WHO 2016a, 2016b) fordern zivilgesellschaftliche Organisationen in etlichen Ländern, dass auch ihre Regierungen Beschränkungen für die Vermarktung von Junkfood erlassen – vor allem, um Kinder zu schützen.

In Südafrika beispielsweise verbietet der Consumer Protection Act nur sehr allgemein »die Förderung schlechter Ernährungsgewohnheiten, eines ungesunden Lebensstils und exzessiven Konsums von Junkfood gegenüber Kindern unter zwölf Jahren« (Mills 2012). Vertreter der Zivilgesellschaft fordern ein Verbot von Gesundheitsversprechen, klar verständliche Produktinformationen auf Packungen und in Fastfood-Restaurants, das Verbot von Geschenken an Kinder als Anreiz zum Kauf von Junkfood sowie ein Verbot der Werbung mit Cartoons, Filmstars und Sportlern.

In Indien fordert die Right to Food Campaign u.a., in Schulen und deren Umkreis den Verkauf von gesundheitsschädlichen Nahrungsmitteln und Getränken zu verbieten.

## 5. Einführung und Nutzung von Nährwertprofilen

Ein nützliches Instrument für Vermarktungsregeln bei Junkfood wären so genannte Nährwertprofile. Dafür stellt die WHO seit 2010 Richtlinien bereit (WHO 2015d).

Nährwertprofile beurteilen den Nährwert eines Nahrungsmittels nach seinem Gehalt an allen relevanten Nährstoffen wie Proteinen, Zucker, Fetten, Salz, Ballaststoffen, Vitaminen und Mineralstoffen. Dabei spielt auch die Qualität der Zutaten eine Rolle: Das aus Preisgründen für die Junkfood-Versorgung armer Länder gern genutzte heiß raffinierte Palmöl zum Beispiel enthält einen hohen Anteil an gesättigten Fettsäuren; und heiß raffiniertes Palmöl erhöht nach Erkenntnissen der europäischen Behörde für Nahrungsmittelsicherheit (EFSA) auch das Krebsrisiko.

Der in Nährwertprofilen definierte Nährwert wäre ein hilfreicher Maßstab dafür, ob ein Nahrungsmittel als gesund oder ungesund zu gelten hat – gleichgültig, ob es mit synthetischen Mikronährstoffen angereichert ist oder nicht. Mit guter Begründung können Behörden dann zum Beispiel verbieten, dass ein Hersteller stark zuckerhaltigen Joghurt mit Vitaminen anreichert und damit

Gesundheitsreklame macht. Nährwertprofile liefern auch Grundlagen für so genannte Lebensmittel-Ampeln auf Verpackungen. Dabei handelt es sich um farblich unterlegte Nährwertangaben für Energie, Zucker, Fett und Salz, die dem Konsumenten mit bestimmten Nahrungsmitteln verbundene Gefahren signalisieren. Die Ampeln sollten sich allerdings auf realistische Konsummengen beziehen – und nicht, wie von der Industrie vorgeschlagen, auf völlig unrealistische Mini-Portionen.

Nährwertprofile sind in Entwicklungs- und Schwellenländern noch Zukunftsmusik. Auch in der EU haben die Konzerne solche Profile und aus ihnen ableitbare Vermarktungsbeschränkungen bislang verhindert (Foodwatch 2016a).

## 6. Gesunde Ernährung und Ernährungsaufklärung an Schulen

In der Abschlusserklärung der zweiten internationalen Ernährungskonferenz 2014 heißt es, Ernährungspolitik solle unbedingt auch eine gesunde Ernährung in Kindergärten und Schulen fördern. Außerdem empfiehlt die Konferenz Schulernährungsprogramme. Tatsächlich erhalten in armen Ländern mit einem Pro-Kopf-Einkommen von unter 1.035 US-Dollar jährlich (2013) nur 18 Prozent der Schulkinder eine Mahlzeit in der Schule, berichtet das Welternährungsprogramm. In Ländern mit niedrigem mittleren Einkommen (1.036 bis 4.085 US-Dollar pro Kopf jährlich) sind es 49 Prozent der Kinder (WFP 2013). Hinzu kommt: Dort, wo Kinder eine Schulmahlzeit bekommen, ist sie oft von schlechter Qualität – zum Beispiel in Südafrika und Indien.

Sprecher der Zivilgesellschaft in diesen Ländern fordern dezidiert gesunde Nahrungsmittel und Getränke für die Kinder in ihren Schulen und Kindergärten. Und sie verweisen auf das Beispiel Brasilien: Dort haben alle Kinder ein Recht auf eine ordentliche Mahlzeit in der Schule; mindestens 70 Prozent der Zutaten müssen frisch oder gering verarbeitet sein; mindestens 30 Prozent müssen aus lokaler Landwirtschaft stammen (Monteiro & Cannon

2012). In jüngster Zeit versucht auch Mexikos Regierung, gesundes Essen an Schulen durchzusetzen. Die Zucker- und Fettmengen in Schulmahlzeiten und -snacks wurden begrenzt (Viciano 2017).

Schulen sind ideale Plattformen auch für Ernährungsinformation und Ernährungserziehung, deren Inhalte die Kinder dann in ihre Familien tragen. Die WHO fordert, Ernährungslehre in den Curricula aller allgemeinbildenden Schulen zu verankern (WHO 2016a).

Auch körperliche Bewegung als wichtiges Mittel gegen Übergewicht kann von den Schulen in die Gesellschaft getragen werden. Dies versucht die Regierung Mexikos. Sie nutzt zudem das Fernsehen, um die Menschen zu Sport in Parks und auf Spielplätzen zu animieren und sie zu motivieren, gesunde und preiswerte Mahlzeiten selbst zuzubereiten (Viciano 2017).

## 7. Förderung des Stillens und gesunde Ernährung für Kleinkinder

Die großen Produzenten von Muttermilchersatzprodukten versuchen weltweit nach wie vor, Frauen zu verunsichern und sie so vom Stillen abzuhalten. Vertreter lokaler Zivilgesellschaften fordern, junge Mütter noch intensiver als bisher aufzuklären. Außerdem müssten alle Regierungen endlich den Internationalen Kodex zur Vermarktung von Muttermilchersatzprodukten (einschließlich der WHO-Folgeempfehlungen) in nationale Gesetze fassen und diese auch durchsetzen.

Organisationen der internationalen Zivilgesellschaft und die WHO zeigen sich sehr besorgt darüber, wie aggressiv die Konzerne stark gezuckerte Muttermilchersatzprodukte für Kinder ab einem Jahr vermarkten. Die WHO empfiehlt, dass nationale Gesetze »alle Milch-Produkte, die für die Ernährung von Säuglingen und Kleinkindern bis zum Alter von 36 Monaten bestimmt sind, nach den Richtlinien des Kodex behandeln« (WHO 2016c).

Vielfach gefordert wird auch:

- dass alle zuständigen nationalen und internationalen Stellen Familien in klaren Worten empfehlen, ihren Kleinkindern ausgewogene normale Nahrung zu geben und auf Milchpulver zu verzichten;
- dass Regierungen für Kleinkinder-Milchgetränke Maximalmengen an bestimmten Inhaltsstoffen festlegen;
- dass die Verpackungen der Pulver Menge und Art des zugesetzten Zuckers klar angeben müssen, und
- dass jederlei Werbung für solche Produkte verboten wird (First Steps Nutrition Trust 2016).

## 8. Transparenter Umgang mit Interessenskonflikten

Mehrere UN-Organisationen, viele NGOs und Gesundheitseinrichtungen sowie Teile der Wissenschaft bekommen Zahlungen in Millionenhöhe von *Big Food*. Und sie gehen in diesem Kontext teils grob fahrlässig und ethisch fragwürdig mit Interessenskonflikten um. Die Konzerne gewinnen so an Schlüsselstellen immer mehr Einfluss auf weltweit wirksame Ernährungs- und Gesundheitspolitik – ohne jede demokratische Legitimation.

Organisationen der internationalen Zivilgesellschaft fordern daher seit vielen Jahren klare Regeln für die Vermeidung von und den Umgang mit Interessenskonflikten. Diese Regeln müssen für alle relevanten Organisationen und Personen gelten; und sie müssen, auch mit dem Mittel völliger Transparenz, kompromisslos durchgesetzt werden.

## 9. Investment in Nahrungsmittelkonzerne auch nach ethischen Kriterien

Investoren wie Gewerkschaften, Kirchen, Pensionsfonds und Privatleute sollten Investitionen in Nahrungsmittelkonzerne nicht nur unter wirtschaftlichen, sondern auch unter ethischen Gesichtspunkten prüfen. Dabei sind, auf sozialer und ökologischer Ebene, die Kriterien hilfreich, die Oxfam in seiner Kampagne »Behind the Brands« entwickelt hat. Was das Kerngeschäft der Unternehmen, Produktion und Vertrieb von Ernährungsprodukten, angeht, wären mögliche Kriterien für die ethische Beurteilung:

- der Anteil hoch verarbeiteter Produkte mit hohem Zucker-, Fett- und Salzgehalt im Produkt-Portfolio der Unternehmen;
- das Werbeverhalten gegenüber Kindern;
- das Vermarktungsverhalten bei Muttermilchersatzprodukten;
- der Umgang mit Gesundheitsversprechen sowie
- das Verhalten der Konzerne in der gesellschaftlichen und politischen Auseinandersetzung.

## 10. Eine nachhaltige Bekämpfung der Ursachen von Mangelernährung

»Nahrung ist keine Pille«, sagt Vandana Shiva, Gründerin der indischen »Brot für die Welt«-Partnerorganisation Navdanya. Die zunehmende Bedeutung der Nutrazeutika-Verteilung als Kernstrategie gegen Mangelernährung sehen viele Sprecher der Zivilgesellschaft in Entwicklungs- und Schwellenländern kritisch. Eine solche Strategie diene nicht den Menschen, sondern den Interessen der Industrie (Gupta 2010, Sanders 2015, Patnaik 2015). Der Einsatz von Nutrazeutika sollte daher auf das notwendige Maß beschränkt werden. Und der Kampf gegen Mangelernährung muss sich wesentlich stärker als derzeit auf eine nachhaltige Auseinandersetzung mit deren Ursachen konzentrieren und die Beseitigung dieser Ursachen ins Visier nehmen. Dazu gehört neben den bereits dargestellten Maßnahmen:

- eine umfassende gesellschaftliche Stärkung von Mädchen und Frauen – sie sind in der Regel für die Ernährung der Familien verantwortlich;
- bessere Bildung, vor allem für Mädchen;

- die Verbesserung von Hygiene, Wasserversorgung und Sanitärwesen;
- die Förderung einer Landwirtschaft, deren Betriebe über ausreichend Land und Knowhow verfügen, um wirtschaftlich und ökologisch tragfähig nährstoffreiche Nahrungsmittel zu produzieren. Dazu zählen verbesserte Sorten von Getreide und Hülsenfrüchten, die mehr Proteine, Ballaststoffe und Mikronährstoffe enthalten als bislang genutzte Sorten;
- die Durchsetzung des Rechts auf Nahrung für alle – durch mehr Arbeitsplätze, funktionierende soziale Sicherheitsnetze und umfassende Armutsbekämpfung.

Jeder Mensch hat das Recht auf eine gesunde und ausgewogene Ernährung nach den Maßstäben seines persönlichen Geschmacks und seiner Kultur. Nur wer Zugang zu einer solchen Ernährung hat, kann sein volles körperliches und geistiges Potential entfalten. Davon profitieren dann seine Familie und sein Land.

Die Bedeutung einer gesunden Ernährung für den Einzelnen und für die öffentliche Gesundheit und Volkswirtschaft armer Länder ist kaum zu überschätzen. Dies sollte Grund genug sein, im Rahmen einer weltweiten Bewegung für das Recht auf gesunde Ernährung zu kämpfen. In diesem Kampf ist die Konfrontation mit *Big Food, Big Soda* und *Big Fast Food* ein Schlüsselelement. Nur der vereinte und effizient gestaltete Widerstand von Konsumenten, Zivilgesellschaft, Regierungen, UN-Institutionen, Gesundheits- und Bildungseinrichtungen sowie der Wissenschaft kann krank machendes Junkfood allmählich zurückdrängen.

Ein gesundes Mittagessen sollte selbstverständlich sein – auch in Schwellen- und Entwicklungsländern.

# Abkürzungsverzeichnis/Kurzglossar

**Aflatoxine**: Natürlich vorkommende, kanzerogene Gifte des Schimmelpilzes *aspergillus flavus*, die sich in feucht-warmen Regionen vor allem auf Mais und Erdnüssen bilden und Mangelernährung begünstigen.

**ATNI**: »Access to Nutrition Index«. Von der Organisation GAIN entwickelte Rangliste der 25 größten Nahrungsmittelunternehmen nach ihren Bemühungen um gesunde Ernährung. Die Kriterien werden als weich kritisiert; der ATNI beruht ausschließlich auf von der Industrie freiwillig bereitgestellten Informationen.

**BfR**: »Bundesinstitut für Risikoforschung«. Wissenschaftliche Einrichtung der Bundesrepublik Deutschland, die die Bundesregierung u.a. zu Fragen der Lebensmittelsicherheit berät.

**Big Food**: Vor allem im angelsächsischen Raum gebräuchlicher Sammelbegriff für die größten Nahrungsmittelunternehmen der Welt.

**Bill & Melinda Gates Foundation:** In den USA ansässige größte private Stiftung der Welt mit einem Kapital von rund 45 Milliarden US-Dollar Ende 2015. Engagiert sich vor allem im Gesundheitswesen von Entwicklungsländern oft in Kooperation mit kommerziellen Unternehmen.

**BMI:** »Body Mass Index«. Maßzahl für die Bewertung der Körpergröße eines Menschen im Verhältnis zu seinem Körpergewicht: Körpermasse in Kilogramm geteilt durch das Quadrat der Körpergröße in Metern. Laut WHO besteht ab einem BMI von 25 Übergewicht, ab einem BMI von 30 Fettleibigkeit.

**BoP:** »Base of the Pyramid« (»Basis der Pyramide«). Vom indischen Ökonomen C.K. Prahalad geprägter Begriff für den Markt jener rund vier Milliarden Menschen mit einer Kaufkraft von unter 2,50 US-$ pro Tag. Eine Milliarde extrem arme Menschen, die nahezu ausschließlich von Subsistenzlandwirtschaft und Tausch leben, gelten als nicht zugänglich für moderne Marktwirtschaft.

**BRAC:** »Bangladesh Rural Advancement Committee«. Weltweit größte nichtstaatliche Entwicklungsorganisation mit Sitz in Bangladesch, gegründet 1972.

**CeSSIAM:** »Center for Studies of Sensory Impairment, Aging and Metabolism«. Nichtstaatliche Organisation mit Sitz in Guatemala, die sich der Ernährungsforschung widmet; gegründet 1985.

**CGIAR:** »Consultative Group on International Agricultural Research« (»Beratungsgruppe für internationale Agrarforschung«). Konsortium von rund 50 Industrie- und Entwicklungsländern, zivilgesellschaftlichen Organisationen und (in geringem Maße) privaten Unternehmen, das sich der Bekämpfung des Hungers widmet. Träger von 15 internationalen Einrichtungen der Agrarforschung.

**CSB:** »Corn Soy Blend« (»Mais-Soja-Mischung«). Oft mit Mikronährstoffen angereichert, eingesetzt im Kampf gegen Hunger und Mangelernährung.

**CSR:** »Corporate Social Responsibity« (»Unternehmerische Sozialverantwortung«). Über gesetzliche Verpflichtungen hinausgehendes Engagement der Privatwirtschaft zu ökologischen und sozialen

Belangen; Ausdruck des Bemühens um gesellschaftliche Akzeptanz.

**DHA**: »Docosahexaenoic acid« (»Docosahexaensäure«). Omega-3-Fettsäure, die vor allem in fettem Fisch vorkommt. Die von Teilen des Privatsektors propagierte DHA-Supplementierung in Regionen mit geringem Fischkonsum ist umstritten.

**EFSA**: »European Food Safety Authority« (»Europäische Behörde für Lebensmittelsicherheit«). Wissenschaftlich arbeitendes EU-Organ, das sich um Fragen der Lebensmittelsicherheit kümmert.

**EFTA**: »European Free Trade Association« (»Europäische Freihandelsassoziation«). 1960 gegründete Wirtschaftsgemeinschaft, der heute nur noch Island, Liechtenstein, Norwegen und die Schweiz angehören. Unterhält einen Gerichtshof, der die noch gültigen Verträge auslegt.

**ESPGHAN**: »European Society for Paediatric Gastroenterology Hepatology and Nutrition« (»Europäische Gesellschaft für pädiatrische Gastroenterologie, Hepatologie und Ernährung«). Einflussreiche Expertenorganisation, die u.a. Empfehlungen für die Ernährung von Kindern erarbeitet.

**FAO**: »Food and Agriculture Organisation«. Welternährungsorganisation der Vereinten Nationen.

**FENSA**: »Framework for Engagement with Non-State Actors« (»Rahmen für die Mitarbeit nichtstaatlicher Akteure«). Richtlinienwerk der WHO. Heftig umstritten war die 2016 von der WHA beschlossene Einbeziehung des Privatsektors in WHO-Gremien.

**FSSAI**: »Food Safety and Standards Authority of India«. Für Lebensmittelsicherheit zuständige Behörde der indischen Regierung.

**Fumonisine**: Natürlich vorkommende, kanzerogene Pilzgifte, die sich in feucht-warmen Regionen vor allem auf Getreide bilden. Treten oft gemeinsam mit Aflatoxinen auf.

**GAIN**: »Global Alliance for Improved Nutrition« (»Globale Initiative für verbesserte Ernährung«). 2002 als Stiftung konstituierte Nichtregierungsorganisation mit Sitz in der Schweiz, die sich dem Kampf gegen Mangelernährung widmet. Konzentriert sich auf die Anreicherung von Nahrungsmitteln mit Mikronährstoffen; kooperiert eng mit multinationalen Unternehmen der Nahrungsmittel- und Nahrungsergänzungsmittelindustrie. Wird finanziert insbesondere von der Gates-Stiftung, dem Wellcome-Trust sowie den Regierungen der USA und Großbritanniens.

**GRAIN**: »Genetic Resources Action International«. Nichtregierungsorganisation mit Sitz in Spanien, die für eine ökologisch und kleinbäuerlich orientierte Landwirtschaft in Entwicklungsländern eintritt. Dokumentiert die Landnahme internationaler Finanzinvestoren in armen Ländern.

**Health Claim**: Gesundheitsbezogene Angaben auf Verpackungen von Lebensmitteln. In Industrieländern nur beschränkt zulässig; in vielen Entwicklungsländern genutzt auch zur Werbung für Junkfood.

**IBFAN**: »International Baby Food Action Network« (»Internationales Aktionsnetzwerk zur Säuglingsnahrung«). Netzwerk zivilgesellschaftlicher Organisationen, die sich dem Anliegen optimaler Säuglingsernährung widmen. Kämpft für die vollständige Umsetzung des Internationalen Kodexes zur Vermarktung von Muttermilchersatzprodukten.

**ICDS**: »Integrated Child Development Services«. Sozialprogramm der indischen Regierung, das sich der Ernährung von Kleinkindern widmet.

**IFPRI**: »International Food Policy Research Institute«. Internationales Forschungsinstitut zu Fragen der Ernährung in Entwicklungsländern mit Sitz in Washington D.C. Zählt zu den 15 CGIAR-Instituten.

**IITA**: »International Institute of Tropical Agriculture«. Internationales Forschungsinstitut zur Erforschung in den Tropen verbreiteter Nahrungsmittelpflanzen (u.a. Mais, Maniok, Soja, Bananen) mit Sitz in Nigeria. Zählt zu den 15 CGIAR-Instituten.

**ILSI**: »International Life Sciences Institute«. Wissenschaftlich arbeitende Lobby-Organisation der Nahrungsmittel-, Agrar-, Chemie- und Pharmaindustrie mit Hauptsitz in Washington D.C.

**INF**: »Nevin Scrimshaw International Nutrition Foundation«. US-amerikanische Stiftung, die sich der Ernährungsforschung widmet.

**Junkfood**: Sammelbegriff für minderwertige und ungesunde Lebensmittel. Bezeichnet vor allem stark fett-, salz- und zuckerhaltige Nahrungsmittel wie Kartoffel- und Maischips, Süßigkeiten und Softdrinks.

**Kopenhagener Konsens**: 2004 begründetes dänisches Projekt, in dem Ökonomen nach Kriterien des größten volkswirtschaftlichen Nutzens Ranglisten von Maßnahmen zu wichtigen Herausforderungen der Menschheit aufstellen.

**Meta-Studie**: Zusammenschau einer Vielzahl von Studien zu einem Thema.

**Microfranchising**: Geschäftskonzept, das das Konzept des konventionellen Franchising auf Kleinstunternehmer(innen) anwendet. Verbreitet ist zum Beispiel der Vertrieb verpackter Nahrungsmittel durch formal selbständig tätige Frauen in Entwicklungsländern.

**MNP**: »Multi-Mikronährstoffpulver«.

**Navdanya**: Indische Nichtregierungsorganisation, die für Landwirtschaft und Ernährung nach ökologischen Grundsätzen eintritt. Geführt von der Trägerin des Right Livelihood Award Vandana Shiva; Partnerorganisation von Brot für die Welt.

**NAFTA**: »North American Free Trade Agreement« (»Nordamerikanisches Freihandelsabkommen«). Schuf 1994 eine Freihandelszone aus den USA, Kanada und Mexiko.

**NUGAG**: »Nutrition Guidance Expert Advisory Group« (»Beratendes Expertengremium für Ernährungsrichtlinien«). Wichtiges Expertengremium der WHO, das u.a. Richtlinien für den Zucker-, Salz- und Fettgehalt menschlicher Nahrung erarbeitet.

**Nutrazeutika**: Noch relativ junger Begriff für Präparate aus synthetisch hergestellten Mikronährstoffen.

**Nutritionismus**: Konzept, nach dem Ernährung vor allem eine mit wissenschaftlichen Mitteln vorzunehmende Versorgung mit Nährstoffen umfasst. Diesem Zweck dienende Nahrungsmittel werden oft als »funktionelle Nahrungsmittel« bezeichnet.

**OECD**: »Organization for Economic Cooperation and Development« (»Organisation für wirtschaftliche Zusammenarbeit und Entwicklung«).

**Open Access**: Begriff für den freien Zugang zu wissenschaftlichen Zeitschriften im Internet. Solche Zeitschriften finanzieren sich dann über von den Autoren zu entrichtende Gebühren und/oder Anzeigen, was wissenschaftliche Unabhängigkeit beeinträchtigt.

**PACSA**: »Pietermaritzburg Agency for Community Social Action«. Südafrikanische Partnerorganisation von Brot für die Welt. Betreibt einen Lebensmittel-Preisindex für die Stadt Pietermaritzburg.

**PAHO**: »Pan American Health Organization« (»Panamerikanische Gesundheitsorganisation«). Regionalorganisation der WHO für Amerika.

**Plumpy'Doz**: *Plumpy'Nut*-ähnliche Erdnusspaste des französischen Unternehmens Nutriset. Von UNICEF, WFP und etlichen Nichtregierungsorganisationen eingesetzt als RUSF zur Behandlung mäßiger Unterernährung sowie zur Vermeidung von Unter- und Mangelernährung.

**Plumpy'Nut**: Paste aus Erdnussbutter, Milchpulver, Zucker, Öl und Mikronährstoffen des französischen Unternehmens Nutriset. Wird vor allem von UNICEF und WFP als RUTF zur Bekämpfung schwerer akuter Unterernährung eingesetzt.

**PPP**: »Public-private Partnership« (»Öffentlich-private Partnerschaft«). Zusammenarbeit öffentlicher und privatwirtschaftlicher Akteure bei Entwicklungsvorhaben. Soll zugleich sozialen Anliegen und Gewinninteressen relevanter Unternehmen dienen; Beispiel: SAFO; umstritten, u.a. wegen der Gefahr von Interessenskonflikten.

**RTFC**: »Right to Food Campaign«. Indische Nichtregierungsorganisation, die für das Recht auf ordentliche Nahrung kämpft.

**RUSF**: »Ready-to-use Supplementary Food« (»Direkt konsumierbare Ergänzungsnahrung«). Wird zur Behandlung mäßiger Unterernährung und zur Vermeidung von Unter- und Mangelernährung eingesetzt.

**RUTF:** »Ready-to-use Therapeutic Food« (»Direkt konsumierbare therapeutische Nahrung«). Wird zur Behandlung schwerer akuter Unterernährung eingesetzt.

**SAFO:** »Strategic Alliance for the Fortification of Edible Oils and Other Staple Foods« (»Strategische Allianz zur Nahrungsmittelanreicherung von Speiseöl und anderen Grundnahrungsmitteln«). PPP zwischen der Deutschen Gesellschaft für internationale Zusammenarbeit (GIZ) und der BASF mit dem Kernziel, in Schwerpunktländern Speiseöl mit Vitamin A anzureichern.

**SAM**: Schwere akute Mangelernährung.

**Social business**: Konzept wirtschaftlicher Unternehmen, das auf die Lösung sozialer Probleme gerichtet ist; oft Partnerschaft von NGOs und Unternehmen im Rahmen ihres CSR-Engagements. Gewinne verbleiben im Unternehmen. Beispiel: Grameen Danone Foods in Bangladesch.

**Spaza Shop**: Kleiner Lebensmittelladen in Südafrika. Operiert oft informell, verkauft vorwiegend Kleinstpackungen an arme Kunden, gewährt oft Kredit. Auch *Tuck Shop* genannt.

**Stunting**: Körperliche und geistige Unterentwicklung infolge von chronischer Mangelernährung. Als Indikator gilt geringes Längenwachstum. Entsteht vor allem in den 1.000 Tagen zwischen der Empfängnis und dem zweiten Geburtstag; später kaum mehr aufzuholen.

**The Lancet**: Weltweit führende medizinische Fachzeitschrift. Erscheint in Großbritannien.

**Tienda**: Kleines, oft kioskartiges Geschäft für Nahrungsmittel und Haushaltsartikel in Lateinamerika.

**Tuck Shop**: s. *Spaza Shop*.

**UN Global Compact**: 1999 begründeter Pakt zwischen den UN und dem Privatsektor – mit dem Ziel, die Globalisierung sozialer und umweltfreundlicher zu gestalten. Beitretende Unternehmen müssen sich zu zehn allgemein gehaltenen Standards bekennen; bei Nichteinhaltung gibt es keine Sanktionen.

**UNICEF**: Kinderhilfswerk der Vereinten Nationen.

**US-AID**: »United States Agency for International Development«. Behörde der USA für Entwicklungszusammenarbeit.

**Wasting**: Akutes Untergewicht, verbunden meist mit akuter Unterernährung und/oder einer schweren Erkrankung.

**Wellcome Trust**: In Großbritannien ansässige weltweit zweitreichste private Stiftung mit einem Vermögen von rund 25 Milliarden US-$. Fördert vor allem medizinische Forschung.

**WFP**: »World Food Programme«. Welternährungsprogramm der Vereinten Nationen.

**WHA**: »World Health Assembly« (»Weltgesundheitsversammlung«). Legislatives Organ der WHO, bestehend aus den Vertretern der 194 Mitgliedsstaaten. Tagt jährlich.

**WHO**: »World Health Organization«. Weltgesundheitsorganisation der Vereinten Nationen.

# Literaturverzeichnis

AACI (2011): AACI welcome Supreme Court's Order to remove food companies from government panels. Alliance Against Conflicts of Interest India (AACI). Veröffentlicht unter: http://aaci-india.org/doc/AACI-Statement-12-feb.pdf

Aaron, Daniel G. et al. (2017): Sponsorship of National Health Organizations by Two Major Soda Companies. American Journal of Preventive Medicine, 52 (1), 20-30.

Allen, Lindsay et al. (2006): Guidelines on food fortification with micronutrients. WHO, FAO. Veröffentlicht unter: www.who.int/nutrition/publications/guide_food_fortification_micronutrients.pdf

Allen, Lindsay H. (2012): B vitamins in breast milk: relative importance of maternal status and intake, and effects on infant status and function. In: Nutrition (Bethesda, Md.), 3 (3), 362-369. doi: 10.3945/an.111.001172.

Aluda, Claus (2015): Interview mit dem Ernährungswissenschaftler Claus Aluda, aufgezeichnet am 10.08.2015 in Ost-Kenia.

Anderson, Mary Ann (2015): Interview mit Dr. Mary Ann Anderson, aufgezeichnet am 13.06.2015 in Antigua.

Asman, Suleiman (2015): Interview mit Suleiman Asman, Landesdirektor der das relevante IFPRI-Projekt durchführenden Innovations for Poverty Action (IPA), am 12.08.2015.

Astley, Mark (2014a): Emerging market dairy customers – setting a standard: Tetra Pak. DairyReporter.com. Veröffentlicht unter: www.dairyreporter.com/Processing-Packaging/Emerging-market-dairy-customers-setting-a-standard-Tetra-Pak

Astley, Mark (2014b): Downsizing, underfilling cartons key to capturing DIP consumer loyalty: Tetra Pak. DairyReporter.com. Veröffentlicht unter: www.dairyreporter.com/Processing-Packaging/Downsizing-cartons-key-to-capturing-DIP-consumer-loyalty-Tetra-Pak

Bapat, Priya. (2011): Failure or Success Waiting to Happen? The Case of Grameen Danone. Hunger-Undernutrition [Blog]. Veröffentlicht unter: www.hunger-undernutrition.org/blog/2011/06/failure-or-success-waiting-to-happen-the-case-of-grameen-danone.html

Baqui Abdullah H. et al. (1995): Bulging fontanelle after supplementation with 25 000 IU of vitamin A in infancy using immunization contacts. In: Acta Paediatrica, 84 (8), 863-866.

Bartens, Werner (2015): Aus Rücksicht auf die Pharmakonzerne. Süddeutsche Zeitung Online. Veröffentlicht unter: www.sueddeutsche.de/gesundheit/medizin-kann

Beesabathuni, Kalpana (2015): Interview mit Dr. Kalpana Beesabathuni (»Sight and Life«-Stiftung), aufgezeichnet am 08.05.2015 in Neu-Delhi.

Bill & Melinda Gates Foundation Trust (2016): Return of Private Foudations. Veröffentlich unter: http://www.gatesfoundation.org/Who-We-Are/General-Information/Financials

Bundesinstitut für Risikobewertung (BfR) (2006): Müssen Fischverzehrer ihre Ernährung durch Fischöl-Kapseln ergänzen? (No. 034/2006). Veröffentlicht unter: www.bfr.bund.de/cm/343/muessen_fischverzehrer_ihre_ernaehrung_durch_fischoel_kapseln_ergaenzen.pdf

BfR (2008): Fragen und Antworten zu Eisen in Lebensmitteln. Veröffentlicht unter: www.bfr.bund.de/de/fragen_und_antworten_zu_eisen_in_lebensmitteln-28383.html#topic_28366

BfR (2009): Für die Anreicherung von Lebensmitteln mit Omega-3-Fettsäuren empfiehlt das BfR die Festsetzung von Höchstmengen (Stellungnahme No. 030/2009). Veröffentlicht unter: www.bfr.bund.de/cm/343/fuer_die_anreicherung_von_lebensmit

teln_mit_omega_3_fettsaeuren_empfiehlt_das_bfr_die_fest setzung_von_hoechstmengen.pdf

BfR (2011): Kleinkindermilchgetränke sind nicht besser als Kuhmilch. Veröffentlicht unter: www.bfr.bund.de/de/presseinfor mation/2011/29/kleinkindermilchgetraenke_sind_nicht_bes ser_als_kuhmilch-126723.html

Bhutta, Zulfiqar et al. (2013): Evidence-based interventions for improvement of maternal and child nutrition: what can be done and at what cost? In: The Lancet, 382 (9890), 452-477. doi:10.1016/ S0140-6736(13)60996-4.

Black, Robert E. et al. (2013): Maternal and child undernutrition and overweight in low-income and middle-income countries. In: The Lancet, 382 (9890), 427-451. doi:10.1016/S0140-6736(13)60937-X.

Blüthner, Andreas (2015): Telefoninterview mit Dr. Andreas Blüthner, Direktor bei BASF, aufgezeichnet am 15.07.2015.

Brownwell, Kelly (2012): Thinking Forward: The Quicksand of Appeasing the Food Industry. In PLoS Med, 9 (7). Veröffentlicht unter: http://journals.plos.org/plosmedicine/article?id=10.1371/ journal.pmed.1001254

Bundesministerium für wirtschaftliche Zusammenarbeit und Entwicklung (BMZ) (2012): Nahrung ergänzen – anreichern – diversifizieren: Wie der versteckte Hunger bekämpft werden kann. Veröffentlicht unter: https://www.bmz.de/de/zentrales_down loadarchiv/themen_und_schwerpunkte/ernaehrung/nah rungsergaenzung.pdf

Boga, Dilnaz (2015): Why malnutrition is growing in rising, urban India. Business Standard News Online. Veröffentlicht unter: www.business-standard.com/article/specials/why-malnutrition-is-growing-in-rising-urban-india-115060300308_1.html

BoP Innovation Center (2015): Women as Inclusive Business Partners. Veröffentlicht unter: www.bopinc.org/our-projects/our-projects/women-as-inclusive-business-partners

Bouis, Howarth (2015): Telefoninterview mit Howarth Bouis, Direktor von HarvestPlus, aufgezeichnet am 08.07.2015.

Brot für die Welt (2016): Zehntausende Menschen demonstrieren in Berlin für eine Agrarwende. Veröffentlicht unter: http://info.brot-fuer-die-welt.de/blog/zehntausendemenschen-demonstrieren-berlin-eine

Cadbury (2011): Cadbury – Dairy Milk India New Ad [TV-Werbung]. Veröffentlicht unter: https://www.youtube.com/watch?v=MlOfVLpbV3U

Care International (2015): Schriftliche Stellungnahme von Care International gegenüber dem Autor vom 06.08.2015.

CBC News (2012): Danone agrees to pay $1.7M in yogurt health claims case. CBC Online. Veröffentlicht unter: www.cbc.ca/news/canada/montreal/danone-agrees-to-pay-1-7min-yogurt-health-claims-case-1.1206623

C&E Advisory Services Limited (2014): C&E Corporate-NGO Partnerships Barometer 2014. Veröffentlicht unter: www.candeadvisory.com/sites/default/files/C&E_Corporate-NGO_Partnerships_Barometer_2014_0.pdf

Chan, Margaret (2012): WHO sets the record straight on work with the food and beverage industry. WHO Media Center. Veröffentlicht unter: www.who.int/mediacentre/news/statements/2012/nutrition_20121119/en/

Chan, Margaret (2013): WHO Director-General addresses health promotion conference. WHO Director-General. Veröffentlicht unter: www.who.int/dg/speeches/2013/health_promotion_2013010/en/

Coca-Cola (2015): The Coca-Cola Company 2014 Annual Review. Veröffentlicht unter: www.coca-colacompany.com/year-in-review-2014

Coca Cola India (2015): Coca-Cola Announces $3 Billion Incremental Investment in India. Veröffentlicht unter: www.coca-colaindia.com/coca-cola-announces-3-billion-incremental-investment-india/

Coca Cola (2016): Stellungnahme gegenüber dem Autor vom 03.03.2016.

Copenhagen Consensus Center (2008): Copenhagen Consensus 2008. Malnutrition and Hunger, Executive Summary. Veröffentlicht unter: http://thousanddays.org/wp-content/uploads/2011/05/Copenhagen-Consensus-2008-summary.pdf

Coca-Cola (2017): Forschung und Partnerschaften. Veröffentlicht unter: http://transparency.coca-cola-deutschland.de/forschung-und-partnerschaften/unsere-investitionen-in-den-bereichen-ernahrung-und-aktiver-lebensstil

Colchero, Arantxa et al. (2015): Beverage purchases from stores in Mexico under the excise tax on sugar sweetened beverages: observational study. British Medical Journal 2016. Veröffentlicht unter: www.bmj.com/content/352/bmj.h6704

Corbett, Christine (2011): Plumpy'Doz distribution fights malnutrition in Madagascar's remote south. UNICEF. Veröffentlicht unter: www.unicef.org/nutrition/madagascar_60094.html

Daneshkhu, Scheherazade (2015): Bottled water flies off shelves as fizzy drinks go flat. Financial Times, 10.05.2015. Veröffentlicht unter: https://www.ft.com/content/74032ec6-f495-11e4-8a42-00144feab7de

Danone (2013): Yo-Jelly launch advert [TV-Werbung]. Veröffentlicht unter: https://www.youtube.com/watch?v=K6_1VH-haZU

Danone (2014): Economic and Social Report 2013. Paris: Danone. Veröffentlicht unter: www.danone.com/uploads/tx_bidanonepublications/Danone-RA2013-EN.pdf

Danone (2015a): Registration Document – Annual Financial Report 2014. Paris: Danone. Veröffentlicht unter: www.danone.com/uploads/tx_bidanonepublications/DANONE_2014_Registration_Document_ENG.pdf

Danone (2015b): Experts Danone. Veröffentlicht unter: www.danone.com/fr/pour-tous/recherche-innovation/nos-partenaires/nos-experts/

Danone (2015c): Letter to our Shareholders Winter 2015/2016. Veröffentlicht unter www.danone.com/fileadmin/user_upload/Investisseurs/Actionnaire/LAA_Winter_2015_ENG_HD.pdf

Das, Jai K & Rehana A. Salam et al. (2013): Micronutrient fortification of food and its impact on woman and child health: a systematic review. Systematic Reviews, 2 (67). Veröffentlicht unter: www.systematicreviewsjournal.com/content/pdf/2046-4053-2-67.pdf

Denis, Gerald (2015): Death by chocolate: the sugar-fueled diabetes surge in South Asia. The Guardian. Veröffentlicht unter: www.theguardian.com/global-development-professionals-network/2015/mar/02/diabetes-india-south-asia-type-2

De Schutter, Olivier (2014): Report of the Special Rapporteur on the right to food. The transformative potential of the right to food (No. A/HRC/25/57). Geneva: United Nations General Assembly. Veröffentlicht unter: www.srfood.org/images/stories/pdf/officialreports/20140310_finalreport_en.pdf

Deutsches Kinderhilfswerk e.V. (o.J.): Täglich ein Teller Gesundheit für Kinder. Veröffentlicht unter: https://www.dkhw.de/unsere-arbeit/aktuelle-projekte/gesunde-ernaehrung/

Deutsches Kinderhilfswerk e.V. (2016): Jahresbericht 2015. Veröffentlicht unter: https://images.dkhw.de/fileadmin/Redaktion/4_Ueber_uns/4.4_Jahresbericht/Jahresbericht_2015.pdf?_ga=1.22572472.261295692.1484594675

DFID Human Development Resource Centre (2011): The use of nutrition products for the prevention and treatment of undernutrition. Veröffentlicht unter: www.heart-resources.org/wp-content/uploads/2012/05/277965_UK-Production-of-a-Nutrition-Briefing-Paper_Report.pdf

DSM (2012): Nutrition Improvement Program – Unlocking human potential. Veröffentlicht unter: www.dsm.com/content/dam/dsm/nip/en_US/documents/unlocking-human-potential.pdf

DSM (2014): Presentation to Investors Annual Results 2014. Veröffentlicht unter: https://static.beleggen.nl/jaarverslagen/dsm_jaarverslag_2014.pdf

Eichler, Klaus et al. (2012): Effects of micronutrient fortified milk and cereal food for infants and children: a systematic review. BMC Public Health, 12 (1), 506. doi: 10.1186/1471-2458-12-506

Elias, Maria Fernanda (2015): Brazilian consensus on DHA recommendations during gestation, lactation and infancy. NutraNews – DSM Nutritional Products newsletter (1/2015). Veröffentlicht unter: www.dsm.com/content/dam/dsm/cworld/en_US/documents/dsm-nutritional-products-nutranews-2015-01.pdf

ET Bureau (2015): Industry opposes mandatory fortification of edible oils with vitamins A and D. The Economic Times. Veröffentlicht unter: http://articles.economictimes.indiatimes.com/2015-05-21/news/62460065_1_oil-mills-edible-oils-groundnut-oil

Ezzati, Majid (2016):Worldwide trends in diabetes since 1980: a pooled analysis of 751 population-based studies with 4.4 million participants. In: The Lancet, 387, 09.04.2016. Veröffentlicht unter: www.thelancet.com/pdfs/journals/lancet/PIIS0140-6736(16)00618-8.pdf

Ezzati, Majid et al. (2016): Trends in adult body-mass index in 200 countries from 1975 to 2014: a pooled analysis of 1.698 population-based measurement studies with 19,2 million participants. In: The Lancet, 387, 02.04.2016. Veröffentlicht unter: www.thelancet.com/pdfs/journals/lancet/PIIS0140-6736(16)30054-X.pdf

FAO (2013): The State of Food and Agriculture in the World. Veröffentlicht unter: www.fao.org/docrep/018/i3300e/i3300e.pdf

First Steps Nutrition Trust (2016): Sugars in fortified milks marketed for children over 1 year. Veröffentlicht unter: www.firststepsnutrition.org/pdfs/Statement-on-sugar-in-fortified-milks_May2016.pdf

Flannery, Nathaniel Parish (2015): Soda tax in Mexico is making Coca-Cola sales fizzle – should U.S. follow suit? Fox News Latino. Veröffentlicht unter: http://latino.foxnews.com/latino/money/2015/07/30/soda-tax-making-coca-cola-sales-fizzle-should-us-follow-suit/

Foodwatch e.V. (2016a): Vitamine und Naschen? Eine Foodwatch-Studie. Veröffentlicht unter https://www.foodwatch.org/uploads/media/2016-03-30_Report_Vitaminwerbung.pdf

Foodwatch e.V. (2016b): Berliner Charité ließ sich von Coca-Cola mit 1 Million Euro sponsern – Foodwatch fordert Stopp der Kooperation mit Softdrink-Konzern. Veröffentlicht unter www.foodwatch.org/de/presse/pressemitteilungen/berliner-chariteliess-sich-von-coca-cola-mit-1-million-euro-sponsern-foodwatch-fordert-stopp-der-kooperation-mit-softdrink-konzern/

Frankfurter Allgemeine Zeitung (2015): Der Zuckerkonsum wächst. Veröffentlicht unter: www.faz.net/aktuell/wirtschaft/wirtschaft-in-zahlen/grafik-des-tages-der-zuckerkonsum-waechst-13683269.html

Frey, Simone (2015): Interview mit Dr. Simone Frey, Geschäftsführerin der BioAnalyt GmbH, aufgezeichnet am 05.03.2015 in Stuttgart.

GAIN (2011) Business Alliance Forum Report. Veröffentlicht unter: www.gainhealth.org/wp-content/uploads/2014/05/58.-Business-Alliance-Forum-Report-2011.pdf

GAIN (2012): About the GAIN premix facility (GPF). Veröffentlicht unter: http://gpf.gainhealth.org/about

GAIN (2014a): Report of the Statutory Auditor on the Consolidated Financial Statements to the Board of the Foundation. Veröffentlicht unter: www.gainhealth.org/wpcontent/uploads/2015/01/Financial-statements-2013-2014.pdf

GAIN (2014b): Shaping Markets to Combat Undernutrition. Veröffentlicht unter: http://www.gainhealth.org/wp-content/uploads/2014/04/54.-Shaping-Markets-to-Combat-Undernutrition.pdf

GAIN (2015): Fortification of Wheat Flour and Maize Meal in South Africa. Veröffentlicht unter: www.gainhealth.org/knowledge-centre/project/fortification-wheatflour-maize-meal-south-africa/

GAIN (2017): Annual Report 2015-2016. Veröffentlicht unter: http://www.gainhealth.org/wp-content/uploads/2017/02/GAIN-Annual-Report-2015-2016-final.pdf

Gebauer, Thomas (2017): Interview mit Thomas Gebauer, Geschäftsführer der Organisation medico international e.V. Aufgezeichnet am 10.3.2017 in Frankfurt.

Gerginov, David (2016): Das sind die 10 größten Lebensmittelhersteller der Welt. Veröffentlicht unter www.gevestor.de/details/das-sind-die-10-groessten-lebensmittelhersteller-der-welt-730873.html

Girgit studios (2015): Danone's Fundooz Chuski [TV-Werbung]. Veröffentlicht unter: https://vimeo.com/118557604

GIZ: Deutsche Gesellschaft für Internationale Zusammenarbeit (2012): Gesundheit durch bessere Nahrungsmittel. Veröffentlicht unter: www.bmz.de/de/zentrales_downloadarchiv/themen_und_schwerpunkte/ernaehrung/SAFO-Konzept_DE.pdf

Gostin, Lawrence (2016): JAMA Forum: The Influence of »Big Food« Promotes Healthy Profits but not Healthy Consumers. Veröffentlicht unter: https://newsatjama.jama.com/2016/07/20/jama-forum-the-influence-of-big-food-promotes-healthy-profits-but-not-healthy-consumers/

Gould, Jacqueline et al. (2017): Seven-Year Follow-up of Children Born to Women in a Randomized Trial of Prenatal DHA Supplementation. In: JAMA, 21, März 2017, 1173-1175. doi: 10.1001/jama.2016.21303.

GRAIN: Genetic Resources Action International (2011): The great milk robbery: How corporations are stealing livelihoods and a vital source of nutrition from the poor. Veröffentlicht unter: https://www.grain.org/article/entries/4259-the-great-milk-robbery-how-corporations-arestealing-livelihoods-and-a-vital-source-of-nutrition-fromthe-poor

GRAIN: Genetic Resources Action International (2012): TetraPak goes »Deeper in the Pyramid«. Veröffentlicht unter: https://www.grain.org/bulletin_board/entries/4505-tetrapak-goes-deeper-in-the-pyramid

GRAIN: Genetic Resources Action International (2015): Free trade and Mexico's junk food epidemic. Veröffentlicht unter: https://www.grain.org/article/entries/5170-free-trade-and-mexico-s-junk-food-epidemic.pdf

Greene, Catherine (2013): Consumer demand drives growth in the organic food sector. US-DOLLARA Economic Research Service. Veröffentlicht unter: https://www.ers.usda.gov/data-products/chart-gallery/gallery/chart-detail/?chartId=79078

Greiner, Ted (2014): The advantages, disadvantages and risks of ready-to-use food. In: IBFAN Breastfeeding briefs, 56/57, September

2014. Veröffentlicht unter http://ibfan.org/breastfeedingbreafs/BB%2056-57-The%20advantages-disadvantages-and-risks-of-ready-to-use%20foods.pdf

Gunther, Marc (2014): The base of the pyramid: will selling to the poor pay off? The Guardian. Veröffentlicht unter: www.theguardian.com/sustainable-business/prahalad-base-bottom-pyramid-profit-poor

Gupta, Arun (2008): Manipulation by Assistance: Undermining Breastfeeding. In: Economic and Political Weekly, 43 (36), 21-23.

Gupta, Arun (2010): Corporate Hijack of Nutrition. New Delhi: unveröffentlichtes Manuskript.

Gupta, Arun et al. (2014): Manipulation by Association. In: Economic and Political Weekly, 49 (30), 18-21.

Gupta, Arun (2015): Interview mit Dr. Arun Gupta, aufgezeichnet am 12.05.2015 in New Delhi.

Harney, Alexandra (2013): Special Report: How Big Formula bought China. Reuters. Veröffentlicht unter: www.reuters.com/article/2013/11/08/us-china-milkpowderspecialreport-idUSBRE9A700820131108

Heijmans, Bastiaan et al. (2008): Persistent epigenetic differences associated with prenatal exposure to famine in humans. In: Proceedings of the National Academy of Sciences of the United States of America, 04.11.2008. Veröffentlicht unter: https://www.ncbi.nlm.nih.gov/pmc/articles/PMC2579375/

Helmholtz-Zentrum München (2016): Übergewicht schlägt sich auch auf dem Erbgut nieder. Veröffentlicht unter: https://www.helmholtz-muenchen.de/aktuelles/uebersicht/pressemitteilungnews/article/37115/index.html

Hodge, Judith (2014): Anreicherung von Nahrungsmitteln: »Techno-Fix« oder nachhaltige Lösung für versteckten Hunger? Veröffentlicht unter: www.tdh.de/fileadmin/user_upload/inhalte/04_Was_wir_tun/Themen/Gesundheit/Techno_Fix/Studie_Techno_Fix__Deutsch.pdf

Holla, Radha (2011): Conflict of Interest in Policy Making – Another Face of Corruption. New Delhi: unveröffentlichtes Manuskript.

Humberg, Kerstin Maria (2011): Chapter 7: Grameen Danone Foods Ltd.: Fortified Yoghurt for the Poor (128-176). In: Dies.: Poverty Reduction through Social Business? München: Oekom Verlag. Veröffentlicht unter: http://docplayer.net/43471469-7-grameen-danone-foods-ltd-fortified-yoghurt-for-the-poor.html

Huybregts, Lieven et al. (2012): The Effect of Adding Ready-to-Use Supplementary Food to a General Food Distribution on Child Nutritional Status and Morbidity: A Cluster-Randomized Controlled Trial. In: PLoS Med, 9 (9), e1001313. doi: 10.1371/journal.pmed.1001313.

IBFAN (2012): The Scaling Up Nutrition (SUN) initiative IBFAN's concern about the role of businesses. Veröffentlicht unter: http://info.babymilkaction.org/files/SUN Prozent20IBFANProzent2028.11.122.pdf

IBFAN (2016): Trade vs Health – WHO opens the door to big business while trying to protect babies. Veröffentlicht unter: www.babymilkaction.org/wp-content/uploads/2016/05/WHA69-IBFAN-PR-FINAL.2.pdf

ICN (2014b): Second International Conference on Nutrition. Conference Outcome Document: Rome Declaration on Nutrition (No. ICN2 2014/2). Veröffentlicht unter: www.fao.org/3/a-ml542e.pdf

IFPRI (2014): Global Nutrition Report 2014. Veröffentlicht unter: http://ebrary.ifpri.org/utils/getfile/collection/p15738coll2/id/128484/filename/128695.pdf

IFPRI (2015): Global Nutrition Report 2015: Actions and Accountability to Advance Nutrition and Sustainable Development. Veröffentlicht unter: http://ebrary.ifpri.org/utils/getfile/collection/p15738coll2/id/129443/filename/129654.pdf

IFPRI (2016): Global Nutrition Report 2016. Veröffentlicht unter: http://ebrary.ifpri.org/utils/getfile/collection/p15738coll2/id/130354/filename/130565.pdf

Igadwah, Lynet (2014): Processors ignore directive to fortify basic food products. Buisness Daily. Veröffentlicht unter: www.businessdailyafrica.com/Processors-ignoredirective-to-fortify-basic-food-products/-/539546/2402152/-/g15k6b/-/index.html

Igumbor, Ehimario U. et al. (2012): »Big Food,« the Consumer Food Environment, Health, and the Policy Response in South Africa. In: PLoS Med, 9 (7), e1001253. doi:10.1371/journal.pmed.1001253.

IHR Magazine (2014): Danone will lower the sugar content of its children's yogurts in the U.S. IHR – Integrated Health Resources Magazine. Veröffentlicht unter: www.ihrmagazine.com/danone-will-lower-the-sugar-content-of-its-childrens-yogurts-in-the-u-s/

Imamura, Fumiaki et al. (2015): Consumption of sugar sweetened beverages, artificially sweetened beverages, and fruit juice and incidence of type 2 diabetes: systematic review, meta-analysis, and estimation of population attributable fraction. The BMJ, 21.07.2015. Veröffentlicht unter: www.bmj.com/content/bmj/351/bmj.h3576.full.pdf

Institute of Food Technologists (2014): U.S. organic food sales totaled $32.3 B in 2013. Veröffentlicht unter: www.ift.org/food-technology/daily-news/2014/may/15/usorganic-food-sales-totaled-$32-b-in-2013.aspx

International Conference on Nutrition (ICN) (2014a): Second International Conference on Nutrition. Conference Outcome Document: Framework for Action (No. ICN2 2014/3 Corr.1). Veröffentlicht unter: www.fao.org/3/amm215e.pdf

IO Sustainability (2014): IO-produced NH Business Report Shapes Legislative Agenda; Attracts High Profile Support. Veröffentlicht unter: http://iosustainability.com/category/blog/articles/

Jackson, Jay (2015): Interview mit Jay Jackson, Landesdirektor der Organisation Mercy Corps, aufgezeichnet am 12.06.2015 in Guatemala City.

Janssen, Marcell (2015): Interview mit Marcell Janssen, Leiter des Mercy Corps-PROCOMIDA-Projekts in der Provinz Alta Verapaz, Solomon, Guatemala. Aufgezeichnet am 08.06.2015 in Cobán.

Johnson, Paul & Paul Kenn (2010): Addiction-like reward dysfunction and compulsive eating in obese rats: Role for dopamine D2 receptors. In: Nature Neuroscience, 13, 635-641.

Jones, Gareth (2015): Interview mit Gareth Jones, ACBIO, aufgezeichnet am 07.07.2015 in Johannesburg.

Kapil, Umesh & H.P.S. Sachdev (2013): Massive dose vitamin A programme in India – Need for a targeted approach. In: Indian Journal of Medical Research, 138 (3).

Kayser, Olivier, Lucie Klarsfeld & Simon Brossard (2014): Marketing Nutrition for the Base of the Pyramid. Hybrid Strategies Consulting (HYSTRA). Veröffentlicht unter: http://hystra.com/marketing-nutrition/

Kean, Yeong Joo (2014): Breaking the Rules 2014. Veröffentlicht unter: www.babymilkaction.org/wp-content/uploads/2014/05/BTR14inbrief.pdf

Kearns, Christin et al. (2016): Sugar Industry and Coronary Heart Disease Research. A Historical Analysis of Internal Industry Documents. JAMA Intern Med., 176 (11), 1680-1685. doi:10.1001/jamainternmed.2016.5394.

Kennard, Matt & Claire Provost: The business of aid: there's big money being made fighting poverty, disease and hunger. In: Mail & Guardian, 15.05.2016. Veröffentlicht unter: http://mgafrica.com/article/2016-05-15-the-business-of-aid-theres-big-money-to-be-made-fighting-poverty-disease-and-hunger

Kismul, Hallgeir et al.: Diet and kwashiorkor: a prospective study from rural DR Congo. National Center for Biotechnology Information 15.04.2014. Veröffentlicht unter: https://www.ncbi.nlm.nih.gov/pmc/articles/PMC3994641/

Kiviat, Barbara (2010): Danone's Cheap Trick. Veröffentlicht unter: http://content.time.com/time/magazine/article/0,9171,2010077,00.html

Komrska, Jan (2012): Increasing access to ready-to-use therapeutic foods (RUTF). In: Field Exchange, 2012 (42), 46-47.

Kowitt, Beth (2015): Special Report: The war on big food. Fortune. Veröffentlicht unter: http://fortune.com/2015/05/21/the-war-on-big-food/

Kraak, Vivica I. et al. (2012): Balancing the benefits and risks of public–private partnerships to address the global double burden of malnutrition. In: Public Health Nutrition, 15 (03), 503-517. doi:10.1017/S1368980011002060.

Kraemer, Klaus (2015): Interview mit Dr. Klaus Kraemer, Direktor der »Sight and Life«-Stiftung, aufgezeichnet am 01.06.2015 in Landau/Pfalz.

Krawinkel, Michael (2015): Interview mit Prof. Michael Krawinkel, aufgezeichnet am 06.07.2015 in Gießen.

Küßner, Steffen (2016): Telefoninterview mit Steffen Küßner, Sprecher von Oxfam Deutschland, aufgezeichnet am 20.06.2016.

Kumar, Salil (2015): Interview mit Salil Kumar, Indien-Chef von GAIN, aufgezeichnet am 08.05.2016 in New Delhi.

Kumar, Siddhartha (2015): Unterernährt oder zu dick: Indiens doppeltes Gesundheitsproblem. Spiegel Online. Veröffentlicht unter: www.spiegel.de/gesundheit/diagnose/indien-zwischen-den-welten-unterernaehrt-oder-zudick-a-1044427.html

Lesser, Lenard I. et al. (2007): Relationship between Funding Source and Conclusion among Nutrition-Related Scientific Articles. In: PLoS Med, 4 (1), e5. doi:10.1371/journal.pmed.0040005.

Liebrich, Silvia (2015): Coca-Cola will es besser machen. In: Süddeutsche Zeitung, 04.12.2015.

Lindell, Crystal (2015): Mars to open $160M chocolate factory in India. Candy Industry. Veröffentlicht unter: www.candyindustry.com/articles/86686-mars-toopen-160m-chocolate-factory-in-in dia

Liu, Yan & Felicia Wu (2010): Global Burden of Aflatoxin-Induced Hepatocellular Carcinoma: A Risk Assessment. In: Environmental Health Perspectives, 118 (6), 818-824. doi:10.1289/ehp.0901388

Löfvenborg, Josefin et al. (2016): Sweetened beverage intake and risk of latent autoimmune diabetes in adults (LADA) and type 2 diabetes. In: European Journal of Endocrinology, 01.12.2016. Veröffentlicht unter: www.eje-online.org/content/175/6/605.full

Lombard, Martani J. (2014): Mycotoxin exposure and infant and young child growth in Africa: what do we know? In: Annals of Nutrition & Metabolism, 64 Suppl. 2, 42-52. doi:10.1159/000365126.

Lucock, Mark & Zoe Yates (2009): Folic acid fortification: a double-edged sword. Current Opinion. In: Clinical Nutrition and Metabolic Care, 12 (6), 555-564. doi:10.1097/MCO.0b013e32833192bc.

Mabilane, Bongi (2015): Interview mit UNICEF-Gesundheitsexpertin Dr. Bongi Mabilane, aufgezeichnet am 17.05.2015 in Durban.

Mahr, Krista (2014): How to Feed 800 Million People. Time. Veröffentlicht unter: http://time.com/4225/how-tofeed-800-million-people/

Mangge, Harald (2009): Fetale und frühkindliche Einflüsse auf die Entwicklung von Adipositas und Typ-2-Diabetes. Veröffentlicht unter: www.springermedizin.at/artikel/1988-fetale-und-fruehkindliche-einfluesse-auf-dieentwicklung-von-adipositas-und-typ-2-diabetes

Manson, Katrina (2015): Nestlé cuts Africa workforce as middle class growth disappoints. In: Financial Times, 16.06.2015. Veröffentlicht unter: www.ft.com/intl/cms/s/0/de2aa98e-1360-11e5-ad26-00144feabdc0.html#axzz42P1y72tw

Margetts, Barrie (2015): Telefoninterview mit dem Ernährungswissenschaftler Prof. Barrie Margetts, aufgezeichnet am 06.07.2015.

Maza, Irma Chavarría de (2015): Interview mit Irma Chavarría de Maza, WFP-Ernährungsexpertin, aufgezeichnet am 10.06.2015 in Guatemala City.

Mcophela, Reverend Monowabisi (2015): Interview mit Reverend Monowabisi Mcophela, aufgezeichnet am 25.05.2015 in Soweto.

Mhene, Nokhutula (2015): Gespräch mit Nokhutula Mhene, Ernährungsexpertin von Oxfam South Africa, aufgezeichnet am 25.05.2015 in Johannesburg.

Mills, Lize (2012): State intervention needed to protect children against ›junk food‹. Veröffentlicht unter: http://blogs.sun.ac.za/news/2012/06/14/state-intervention-neededto-protect-children-against-junk-food/

Misereor (2015): Das Milchpulver ist zu billig. Pressemitteilung v. 15.07.2015.

Misra, Savvy Soumya (2011): FSSAI's scientific panel reconstituted. Veröffentlicht unter: www.downtoearthorg.in/news/fssais-scientific-panel-reconstituted-33591

Mohale, Sejakhosi & J. Allotey (2011): Mould Contamination of ready-to-eat cereal-based foods retailed in Lesotho with special reference to toxigenic Aspergillus flavus. In: African Journal of Food, Agriculture, Nutrition and Development, 11 (6). doi:10.4314/ajfand.v11i6.

Mohiddin, Lili et al. (2012): Urban malnutrition: a review of food security and nutrition among the urban poor. Veröffentlicht unter: www.cmamforum.org/Pool/Resources/Urban-food-security-and-malnutrition-2012.pdf

Mondelēz International (2014): Mondelēz International Foundation Brings Better Health to More than One Million Children in Five Countries. Veröffentlicht unter: http://ir.mondelezinternational.com/releasedetail.cfm?ReleaseID=851723

Monteiro, Carlos Augusto & Geoffrey Cannon (2012): The Impact of Transnational »Big Food« Companies on the South: A View from Brazil. In: PLoS Med, 9 (7). doi:10.1371/journal. pmed.1001252.

Monteiro, Carlos Augusto et al. (2008): Countdown to 2015 for maternal, newborn, and child survival: the 2008 report on tracking coverage of interventions. In: The Lancet, 371 (9620), 1247-1258. doi:10.1016/S0140-6736(08)60559-0.

Moodie, Rob et al. (2013): Profits and pandemics: prevention of harmful effects of tobacco, alcohol, and ultra-processed food and drink industries. In: The Lancet, 381 (9867), 670-679. doi:10.1016/S0140-6736(12)62089-3.

Moyaha, Bupilo (2015): Interview mit Bupilo Moyaha, aufgezeichnet am 26.05.2015 in Ivory Park/Johannesburg.

Mozaffarian, Dariush (2016): The politics and science of soda and our health. In: The Lancet, 387, 28.05.2016. Veröffentlicht unter: www.thelancet.com/pdfs/journals/lancet/PIIS0140-6736(16)30617-1.pdf

Mukherjee, Subroto (2013): Aflatoxin Effect On Health. Veröffentlicht unter: www.fao.org/fileadmin/user_upload/wa_workshop/ECAfrica-caadp/4._Aflatoxin_USAID.pdf

Musings (2014): Winning in Emerging Markets: Lessons from Peru's Big Cola! Veröffentlicht unter: http://amitavac.com/musings/lessons-perus-big-cola

Mutuma, Sandra (2013): Aid for Nutrition. Are we on track to meet the needs? Veröffentlicht unter: http://www.cmamforum.org/Pool/Resources/Aid-for-Nutrition-ACF-2013.pdf

Nagarajan, Rema (2014): Can nutrition experts be independent if they get $25,000 per annum from Nestle? The Times of India. Veröffentlicht unter: http://timesofindia.indiatimes.com/business/india-business/Can-nutritionexperts-be-independent-if-they-get-25000-per-annum-from-Nestle/articleshow/33941345.cms

Nestlé (2016): Schriftliche Stellungnahme gegenüber dem Autor vom 03.03.2016.

Nestlé (2015): Nestlé in society – Summary Report 2014. Veröffentlicht unter: www.nestle.com/asset-library/documents/library/documents/corporate_social_responsibility/nestle-in-society-summary-report-2014-en.pdf

Nestlé India (2012): NESTLÉ NESLAC. Veröffentlicht unter: https://www.nestle.in/brands/mpn/nestléneslac/nestleneslac

Nestle, Marion (2011): More on Oxfam's anti-poverty partnership with Coca-Cola. Veröffentlicht unter: www.foodpolitics.com/2011/04/more-on-oxfams-anti-poverty-partnership-with-coca-cola

Nestle, Marion (2015): Telefoninterview mit der Biochemikerin und Ernährungswissenschaftlerin Prof. Marion Nestle, New York, aufgezeichnet am 07.07.2015.

Neuman, William (2010): Save the Children Breaks With Soda Tax Effort. In: New York Times, 14.12.2010.

Newman, Melanie (2013): Breast milk scandal strikes Aptamil manufacturer Danone. The Bureau of Investigative Journalism. Veröffentlicht unter: https://www.thebureauinvestigates.

com/2013/06/28/after-nestle-now-breast-milkscandal-strikes-aptamil-manufacturer-danone/

Nutriset (2014): Rapport Nutriset 2013. Veröffentlicht unter: www.nutriset.fr/assets/Rapports-annuels/rapport-nutriset-2013-EN.pdf

O'Connor, Anahad (2016): Coke and Pepsi Give Millions to Public Health, Then Lobby Against It. In: The New York Times, 10.10.2016.

Ogunmoyela, O.A. et al. (2013): A Critical Evaluation of Survey Results of Vitamin A and Fe Levels in the Mandatory Fortified Food Vehicles and Some Selected Processed Foods in Nigeria. In: Nigerian Food Journal, 31 (2), 52-62. doi:10.1016/S0189-7241(15)30077-1.

Ojomo, Efosa (2017): Obsession with ending poverty is where development is going wrong. In: The Guardian, 08.02.2017. Veröffentlicht unter: https://www.theguardian.com/global-development-professionals-network/2017/feb/08/obsession-with-ending-poverty-is-where-development-is-going-wrong

Oxfam America (2013): The Coca-Cola Company declares »zero tolerance« for land grabs in supply chain. Veröffentlicht unter: https://www.oxfam.org/en/pressroom/pressreleases/2013-11-08/coca-cola-company-declares-zero-tolerance-land-grabs-supply-chain

Oxfam America (2015): Schriftliche Stellungnahme von Oxfam America gegenüber dem Autor vom 06.08.2015.

Oxfam International (2013): The Coca-Cola Company declares »zero tolerance« for land grabs in supply chain. Veröffentlicht unter: https://www.oxfam.org/en/pressroom/pressreleases/2013-11-08/coca-cola-company-declares-zerotolerance-land-grabs-supply-chain

Oxfam UK (2015): Schriftliche Stellungnahme von Oxfam UK gegenüber dem Autor vom 05.08.2015.

PACSA: Pietermaritzburg Agency for Community Social Action (2014): 2014 PACSA Food Price Barometer. Veröffentlicht unter: http://us-cdn.creamermedia.co.za/assets/articles/attachments/51955_2014_pacsa_food_price_barometer.pdf

Pan American Health Organization (PAHO) (2014): Plan of Action for the Prevention and Control of Noncommunicable Diseases in the Americas 2013-2019. Veröffentlicht unter: www.paho.org/hq/index.php?option=com_docman&task=doc_view&Itemid=270&gid=27517&lang=en

Parfitt, Tom (2016): FOREIGN AID FARCE: How YOUR money is lining pockets of fat cat charity bosses. Daily Express 18.12.2016. Veröffentlicht unter: http://www.express.co.uk/news/uk/744821/foreign-aid-DFID-David-Miliband-International-Rescue-Committee-Marc-Van-Ameringen

Patnaik, Biraj. (2015). Interview mit Biraj Patnaik, Leiter der »Right to Food Campaign« und Berater des Obersten Gerichtshofs Indiens, aufgezeichnet am 12.05.2015 in New Delhi.

Pischetsrieder, Monika et al. (2014): Wechselwirkung zwischen Lebensmitteln und Gehirnfunktion Lust auf mehr. Veröffentlicht unter: www.laborundmore.com/archive/363099/Wechselwirkung-zwischen-Lebensmittelnund-Gehirnfunktion.html

Prasad, Vandana (2015): Interview mit Dr. Vandana Prasad, führendem Mitglied der indischen »Right to Food Campaign«, aufgezeichnet am 10.05.2015 in New Delhi.

Prasad, Vandana, Radha Holla & Arun Gupta (2009): Should India Use Commercially Produced Ready To Use Therapeutic Foods (RUTF) For Severe Acute Malnutrition (SAM)? In: Social Medicine, 4 (1), 52-55.

Prentice, Andrew et al. (2007): Iron metabolism and malaria. In: Food and Nutrition Bulletin, 28 (4 Suppl.), 524-539.

Promozione, Veneto (2013): Overview of the South African retail market. Veröffentlicht unter: www.tv.camcom.gov.it/docs/Corsi/Atti/2013_11_07/OverviewOFTHESOUTHAfrica.pdf

Rangan, V. Kasturi et al. (2011): The Globe: Segmenting the Base of the Pyramid. Harvard Business Review. Veröffentlicht unter: https://hbr.org/2011/06/the-globe-segmenting-the-base-of-the-pyramid

Richter, Felix (2014): Food Retail in the United States. Veröffentlicht unter: https://www.statista.com/chart/1913/food-retail-in-the-united-states/

Robertson, Heidi-Lee (2015): Interview mit Heidi-Lee Robertson (DSM), aufgezeichnet am 27.05.2015 in Isando/Südafrika.

Robinson, Ewan (2014): Does Fortifying Food Improve Nutrition for the Poorest People? Veröffentlicht unter: www.globalnutrition report.org/2014/08/29/does-fortifying-food-improve-nutrition-for-the-poorest-people/

Rockström, Johan et al. (2016): Acting in the Anthropocene: The EAT-Lancet Commission. In: The Lancet, 387, 11.06.2016. Veröffentlicht unter: www.thelancet.com/pdfs/journals/lancet/PIIS0140-6736(16)30681-X.pdf

Rose, Adam (2013): Danone to name new management at China unit after bribery scandal. Reuters. Veröffentlicht unter: http://uk.reuters.com/article/uk-china-danone-bribery-idUK BRE99E01Y20131015

Rüschemeyer, Georg (2016): Wer Süßes liebt, soll blechen. In: Frankfurter Allgemeine Sonntagszeitung, 11.12.2016.

Saldinger, Adva (2015): How international NGOs choose corporate partners. Veröffentlicht unter: https://www.devex.com/news/how-international-ngos-choose-corporate-partners-85878

Sanders, David (2015): Telefoninterview mit Prof. David Sanders, Kapstadt, aufgezeichnet am 07.07.2015.

Santizo, Claudia Maria (2015): Interview mit Claudia Maria Santizo, UNICEF-Ernährungsexpertin, aufgezeichnet am 10.07.2015 in Guatemala City.

Save the Children (2013): The Power of the First Hour: Breastfeeding saves lives (Company Briefings: Nestlé & Danone). Veröffentlicht unter: https://www.savethechildren.org.uk/sites/default/files/documents/nestle_danone_company_briefing.pdf

Save the Children (2015): Schriftliche Stellungnahme von Save the Children gegenüber dem Autor vom 06.08.2015.

Sazawal, Sunil et al. (2006): Effects of routine prophylactic supplementation with iron and folic acid on admission to hospital and mortality in preschool children in a high malaria transmission setting: community-based, randomised, placebo-controlled trial. In: The Lancet, 367 (9505), 133-143. doi:10.1016/S0140-6736(06)67962-2

Schroeder, Eric (2014): Quaker settles trans fat labeling suit. In: FoodBusinessWeek, 08.07.2014. Veröffentlicht unter: www.foodbusinessnews.net/articles/news_home/Business_News/2014/08/Quaker_settles_trans_fat_label.aspx?ID=%7B84BC2EC0-2C7E-45A4-9A3AF87392B80CBB%7D&cck=1

Schwarz, Thomas (2017): Interview mit Thomas Schwarz, Geschäftsführer der NGO Medicusmundi. Aufgezeichnet am 15.3.2017 in Genf.

Shemkus, Sarah (2015): Is the era of Big Food coming to an end? Veröffentlicht unter: www.theguardian.com/sustainable-business/2015/mar/12/big-food-agriculturebrands-health-organic-packaged

Shiva, Vandana (2015): Interview mit Dr. Vandana Shiva, aufgezeichnet am 04.05.2015 in New Delhi.

Sight and Life (2013): Home Fortification with Micronutrient Powders (MNP). Veröffentlicht unter: www.sightandlife.org/fileadmin/data/Magazine/2013/27_2_2013/MNP_Supplement_to_27_2_2013.pdf

Simon, Michele (2015): Nutrition Scientists on the Take from Big Food – Has the American Society for Nutrition lost all credibility? Veröffentlicht unter: www.eatdrinkpolitics.com/wp-content/uploads/ASNReportFinal.pdf

Sinha, Dipa (2015): Interview mit Dipa Sinha, »Right to Food Campaign«, aufgezeichnet am 06.05.2015 in New Delhi.

Smedley, Tim (2013): Unilever's labour practices in Vietnam found wanting by Oxfam report. In: The Guardian, 07.02.2013. Veröffentlicht unter: https://www.theguardian.com/sustainable-business/blog/unilever-labour-practices-vietnam-oxfam-report

Smith, Dane et al. (2014): Nestlé Reformulates Products to Improve Nutrition. Veröffentlicht unter: https://sharedvalue.org/groups/nestl%C3%A9-reformulates-products-improve-nutrition

Smith, Julie (2015): Interview mit Dr. Julie Smith (PACSA), aufgezeichnet am 30.05.2015 in Pietermaritzburg.

Solomons, Noel (2015): Interview mit Dr. Noel Solomons, Arzt und Ernährungswissenschaftler sowie Leiter des CeSSIAM-Instituts, aufgezeichnet am 10.06.2015 in Guatemala City.

Stander, Loraine (2011): How to make it in Africa? Unilever listens to the consumer. Veröffentlicht unter: www.howwemadeitinafrica.com/how-to-make-it-in-africaunilever-listens-to-the-consumer/14019/

Statista (2015): Global baby food market size in 2010 and 2015, based on sales. Veröffentlicht unter: www.statista.com/statistics/249469/global-baby-food-market-size-2015/

Stuckler, David et al. (2012): Manufacturing Epidemics: The Role of Global Producers in Increased Consumption of Unhealthy Commodities Including Processed Foods, Alcohol, and Tobacco. In: PLoS Med, 9 (6), e1001235. doi:10.1371/journal.pmed.1001235.

Stuckler, David & Marion Nestle (2012): Big Food, Food Systems, and Global Health. In: PLoS Med, 9 (6), e1001242. doi:10.1371/journal.pmed.1001242.

Surugue, Léa (2016): Breastfeeding: Why WHO wants to restrict marketing of breast milk substitutes. International Business Times, 14.05.2016: www.ibtimes.co.uk/breastfeeding-why-who-wants-restrict-marketing-breast-milk-substitutes-1559661

Terruso, Julia (2017): Pepsi to lay off 80 to 100, blames soda tax. Philadelphia Inquirer 01.03.2017. Veröffentlicht unter: http://www.philly.com/philly/news/politics/Pepsi-announces-80-100-layoffs-blames-soda-tax.html

The Lancet (2008): Maternal and Child Undernutrion – Series from The Lancet Journals. Veröffentlicht unter: http://www.thelancet.com/series/maternal-and-child-undernutrition

The Lancet (2013): Maternal and Child Nutrition. Executive Summary of The Lancet Maternal and Child Nutrition Series. Veröffentlicht unter: www.unicef.org/ethiopia/Lancet_2013_Nutrition_Series_Executive_Summary.pdf

The Outsider (2013): Danone: A Solid Play On Emerging Market Growth. Veröffentlicht unter: http://seekingalpha.com/article/1528632-danone-a-solid-play-on-emerging-market-growth
Thurnham, David I. (2014): Opinion: Evidence to Inform Nutrition Policy and Programs. In: Sight and Life, 28 (2), 52-65.
Thurow, Roger (2014): 1,000 Days: The Period That Decides the Health and Wealth of the World. Veröffentlicht unter: www.theatlantic.com/international/archive/2014/05/1000-days-the-period-that-decides-thehealth-and-wealth-of-the-world/361471/
Trefis Team (2015): Cautiously Optimistic On Coca-Cola's Future Growth Prospects Even As 2014 Revenues Fall. Veröffentlicht unter: www.forbes.com/sites/greatspeculations/2015/02/12/cautiously-optimistic-on-cocacolas-future-growth-prospects-even-as-2014-revenues-fall/
UN Department of Economic and Social Affairs (2015): Sustainable Development Knowledge Platform. Veröffentlicht unter: https://sustainabledevelopment.un.org/sdgsproposal
UNICEF (2012): Children's rights & business principles: Principle 6. Veröffentlicht unter: http://childrenandbusiness.org/
UNICEF & Asian Development Bank (2010): Enhancing Nutrition Access Through Public-Privat Partnerships. Veröffentlicht unter: www.unicef.org/eapro/Nutrition_knowledge_product_100417Prozent281 Prozent29.pdf
UNICEF (2015): Schriftliche Stellungnahme von UNICEF New York gegenüber dem Autor vom 05.08.2015.
UNICEF Supply Division (2014a): Multiple Micronutrient Powder Supply & Outlook. Veröffentlicht unter: www.unicef.org/supply/files/Micro_Nutrient_Powder_Update_October_2014.pdf
UNICEF Supply Division (2014b): Ready-to-Use Therapeutic Food: Current Outlook. Veröffentlicht unter: www.unicef.org/supply/files/RUTF_Supply_Update__May_2014.pdf
Unilever (2014): Strategic Report 2014. Veröffentlicht unter: https://www.unilever.com/images/Strategic_Report_AR14_tcm13-407587.pdf

Unilever (2015a): Annual Report and Accounts 2014. Veröffentlicht unter: https://www.unilever.com/Images/ir_unilever_ar14_tcm 244-421557_en.pdf

Unilever (2015b): Reducing sugar. Veröffentlicht unter: https://www.unilever.com/sustainable-living/what-mattersto-you/reducing-sugar-in-ready-to-drink-teas.html

Unilever (2015c): Die Unilever Foundation. Veröffentlicht unter: www.unilever.de/ueberuns/foundation-2014/

Unilever (2016): Stellungnahme vom 03.03.2016 gegenüber dem Autor.

Unilever (2016b): 2015 Full Year Results. Veröffentlicht unter: https://www.unilever.com/Images/q4-2015-full-announcement_tcm244-470010_en.pdf

UN World Food Programm (2015): Zahl der Hungernden weltweit fällt unter 800 Millionen. Veröffentlicht unter: http://de.wfp.org/artikel/zahl-der-hungernden-weltweit-faellt-unter-800-millionen

US AID (2010): US AID Country Profile. Property Rights and Resource Governance: Guatemala. Veröffentlicht unter: http://usaidlandtenure.net/sites/default/files/country-profiles/full-reports/USAID_Land_Tenure_Guatemala_Profile_0.pdf

Valente, Flavio (2017): Interview mit Flavio Valente, langjähriger Generalsekretär von FIAN International. Aufgezeichnet am 13.3.2017 in Heidelberg.

Van Ameringen, Marc (2013): Access to Nutrition IndexCalls on Businesses to Improve Their Nutrition Practices. Veröffentlicht unter: www.huffingtonpost.com/marc-van-ameringen/access-to-nutrition-index-calls-onbusinesses_b_2916793.html

Van Ameringen, Marc (2015): Interview mit Marcvan Ameringen, Exekutivdirektor von GAIN, aufgezeichnet am 03.06.2015 in Berlin.

Van Noorden, Richard (2013): Open access: The true cost of science publishing. In: Nature News, 495 (7442), 426. doi:10.1038/495426a.

Van Vark, Caspar (2014): Nutrition for growth: one year later, are the seeds planted bearing fruit? The Guardian. Veröffentlicht unter: www.theguardian.com/global-development-professionals-network/2014/jun/09/nutrition-growth-civil-society

Verbraucherinitiative e.V. (o.J.). Datenbank Zusatzstoffe. Veröffentlicht unter www.zusatzstoffe-online.de/zusatzstoffe/

Viciano, Astrid (2017): Ein Staat macht Diät. Veröffentlicht unter www.sueddeutsche.de/gesundheit/ernaehrung-ein-staat-macht-diaet-1.3330224

Vilakazi, S'bongisen (2015): Interview mit S'bongiseni Vilakazi, The Valley Trust, aufgezeichnet am 29.05.2015 im ländlichen KwaZulu-Natal/Südafrika.

Villanueva, Erika (2014): Urban Population In Mega-Cities Will Be 2.5 Billion By 2050, UN Report. China Topix. Veröffentlicht unter: www.chinatopix.com/articles/4004/20140711/urban-population-mega-cities-will-2-5.htm

Villers, Philippe (2014): Aflatoxins and safe storage. In: Frontiers in Microbiology, 5. doi:10.3389/fmicb.2014.00158.

Vittorio, Andrea (2015): Unilever Sees Business Case in UN Development Goals. In: Bloomberg BNA, 25.09.2015. Veröffentlicht unter: https://www.bna.com/unilever-sees-business-n57982058730/

Walker, Sophie (2016): Interview mit Sophie Walker, Leiterin des Projekts *Aflastop* der US-Hilfsorganisation ACDI-VOCA, aufgezeichnet am 11.08.2016 in Nairobi.

Walia, Shelly (2015): Indians are chocolate addicts but still suckers for tradition. Veröffentlicht unter: http://qz.com/345055/indians-are-chocolate-addicts-but-still-suckers-for-tradition/

WaterAid & SHARE (2013): Under-nutrition and Water, sanitation and hygiene. Veröffentlicht unter: http://r4d.dfid.gov.uk/PDF/Outputs/sanitation/WaterAid_SHARE_Undernutrition_and_WASH_briefing_note_Feb_2013.pdf

Weaver, Matthew (2015): Vitamin supplements can increase risk of cancer and heart disease. The Guardian. Veröffentlicht unter: www.theguardian.com/society/2015/apr/21/vitamin-supplements-increase-risk-cancer-heart-disease-research

WFP (2013): State of School Feeding Worldwide 2013. Veröffentlicht unter: http://documents.wfp.org/stellent/groups/public/documents/communications/wfp257481.pdf

WFP (o.J.): WFP Specialized Nutritious Foods Sheets. Veröffentlicht unter: http://documents.wfp.org/stellent/groups/public/documents/communications/wfp255508.pdf?_ga=1.133865479.882381153.1485120213

WFP (2015): Schriftliche Stellungnahme des WFP gegenüber dem Autor vom 05.08.2015.

WFP Ethiopia Country Office (2015): WFP Ethiopia Situation Report May 2015. Veröffentlicht unter: http://reliefweb.int/sites/reliefweb.int/files/resources/WFPProzent20EthiopiaProzent20SituationProzent20Report Prozent-20May Prozent202015.pdf

WHO (1981): International Code of Marketing of Breast-Milk Substitutes. Veröffentlicht unter: www.who.int/nutrition/publications/infantfeeding/9241541601/en/

WHO (2011): Guideline: Intermittent iron supplementation in preschool and school – age children. Veröffentlicht unter: http://apps.who.int/iris/bitstream/10665/44648/1/9789241502009_eng.pdf?ua=1&ua=1

WHO (2013): Global Action Plan 2013-2020. Veröffentlicht unter: http://apps.who.int/iris/bitstream/10665/94384/1/9789241506236_eng.pdf

WHO (2015a): Infant and young child feeding. Factsheet N°342. Veröffentlicht unter: www.who.int/mediacentre/factsheets/fs342/en/

WHO (2015b): WHO calls on countries to reduce sugars intake among adults and children. Veröffentlicht unter: www.who.int/mediacentre/news/releases/2015/sugarguideline/en/

WHO (2015c): Global targets 2025. Veröffentlicht unter: www.who.int/nutrition/topics/nutrition_globaltargets2025/en/

WHO (2015d): Fiscal Policies for Diet and Prevention of Noncommunicable Diseases – Technical Meeting Report. Veröffentlicht unter http://apps.who.int/iris/bitstream/10665/250131/1/9789241511247-eng.pdf?ua=1

WHO (2016a): Report of the Commission on Childhood Obesity. Veröffentlicht unter: http://apps.who.int/iris/bitstream/10665/204176/1/9789241510066_eng.pdf

WHO (2016b): Global Report on Diabetes. Veröffentlicht unter: http://apps.who.int/iris/bitstream/10665/204871/1/9789241565257_eng.pdf

WHO (2016c): Marketing of Breast-Milk Substitutes: National implementation of the international code status report 2016. Veröffentlicht unter: http://apps.who.int/iris/bitstream/10665/206009/1/WHO_NMH_NHD_16.1_eng.pdf?ua=1&ua=1

WHO (2017): Source and distribution of funds available 2016. Veröffentlicht unter: http://extranet.who.int/programmebudget/Biennium2016/Contributor

WHO/WFP/UNSCN/UNICEF (2007): Community based Management of Severe Acute Malnutrition. Veröffentlicht unter: www.who.int/nutrition/topics/Statement_community_based_man_sev_acute_mal_eng.pdf

Wieser, Simon et al. (2013): Burden of micronutrient deficiencies by socio-economic strata in children aged 6 months to 5 years in the Philippines. In: BMC Public Health, 1167 (13). doi:10.1186/1471-2458-13-1167.

Wiggerthale, Marita (2013): Bayer, BASF und Co. kassieren Entwicklungshilfegelder – unglaublich! Veröffentlicht unter: https://www.oxfam.de/blog/bayer-basf-co-kassierenentwicklungshilfe gelder-unglaublich

Wilshaw, Rachel et al. (2013): Labour Rights in Unilever's Supply Chain: From compliance to good practice. Veröffentlicht unter: https://www.unilever.com/Images/rr-unilever-supply-chain-labour-rights-vietnam-310113-en_tcm244-409769_en.pdf

Wilson, Duff & Adam Kerlin (2012): Special Report: Food, beverage industry pays for seat at health policy table. Chicago Tribune Digital. Veröffentlicht unter: http://articles.chicagotribune.com/2012-10-19/entertainment/sns-rt-us-obesity-who-industry bre89iok6-20121019_1_tobacco-industry-chronic-disease-bever age

Wirtschaftliche Vereinigung Zucker/Statista (2016): Pro-Kopf-Konsum von Zucker in ausgewählten Ländern und Regionen weltweit in den Jahren 1962 bis 2015/2016 (in Kilogramm Weißzuckerrohwert). Veröffentlicht unter: https://de.statista.com/statistik/daten/studie/454010/umfrage/pro-kopf-konsum-von-zucker-in-ausgewaehlten-laendern-und-regionen-weltweit/

Wojcicki, Janet M. & Heyman, Melvin B. (2010): Malnutrition and the Role of the Soft Drink Industry in Improving Child Health in Sub-Saharan Africa. In: Pediatrics, 126 (6), e1617–e1621. doi:10.1542/peds.2010-0461.

World Nutrition Update (2015): An ominous diagnosis. In: World Nutrition, 6 (5), 346-365.

World Vision (2015): Schriftliche Stellungnahme von World Vision gegenüber dem Autor vom 05.08.2015.

Xu, Yu et al. (2013): Prevalence and Control of Diabetes in Chinese Adults. In: JAMA, 310 (9), 948-958. Veröffentlicht unter: http://jamanetwork.com/journals/jama/fullarticle/1734701

Yach, Derek et al. (2010): Can the Food Industry Help Tackle the Growing Global Burden of Undernutrition? In: American Journal of Public Health, 100 (6), 974-980. doi:10.2105/AJPH.2009.174359.

Yum! (2015): 2014 Yum! Brands Annual Report. Veröffentlicht unter: www.yum.com/annualreport/

Zara, Christopher (2013): Nutrition Industry Sold Out To Coca-Cola, PepsiCo, Kellogg, Hershey And Other Junk Food Giants, Registered Dietitians Say. International Business Times. Veröffentlicht unter: www.ibtimes.com/nutrition-industry-sold-out-coca-cola-pepsico-kellogg-hershey-other-junk-food-giants-registered

# Politikwissenschaft

*Torben Lütjen*
**Partei der Extreme: Die Republikaner**
Über die Implosion
des amerikanischen Konservativismus

Oktober 2016, 148 S., kart., 14,99 € (DE),
ISBN 978-3-8376-3609-3
E-Book: 12,99 € (DE), ISBN 978-3-8394-3609-7
EPUB: 12,99 € (DE), ISBN 978-3-7328-3609-3

*Lars Geiges, Stine Marg, Franz Walter*
**Pegida**
Die schmutzige Seite der Zivilgesellschaft?

2015, 208 S., kart., farb. Abb., 19,99 € (DE),
ISBN 978-3-8376-3192-0
E-Book: 14,99 € (DE), ISBN 978-3-8394-3192-4
EPUB: 14,99 € (DE), ISBN 978-3-7328-3192-0

*Alexander Schellinger, Philipp Steinberg (Hg.)*
**Die Zukunft der Eurozone**
Wie wir den Euro retten
und Europa zusammenhalten

Oktober 2016, 222 S., kart., 19,99 € (DE),
ISBN 978-3-8376-3636-9
E-Book: 17,99 € (DE), ISBN 978-3-8394-3636-3
EPUB: 17,99 € (DE), ISBN 978-3-7328-3636-9

**Leseproben, weitere Informationen und Bestellmöglichkeiten finden Sie unter www.transcript-verlag.de**

# Politikwissenschaft

*Karl-Siegbert Rehberg, Franziska Kunz, Tino Schlinzig (Hg.)*
**PEGIDA – Rechtspopulismus zwischen Fremdenangst und »Wende«-Enttäuschung?**
Analysen im Überblick

September 2016, 384 S., kart., 29,99 € (DE),
ISBN 978-3-8376-3658-1
E-Book: 26,99 € (DE), ISBN 978-3-8394-3658-5
EPUB: 26,99 € (DE), ISBN 978-3-7328-3658-1

*Stine Marg, Katharina Trittel, Christopher Schmitz, Julia Kopp, Franz Walter*
**NoPegida**
Die helle Seite der Zivilgesellschaft?

März 2016, 168 S., kart., 19,99 € (DE),
ISBN 978-3-8376-3506-5
E-Book: 17,99 € (DE), ISBN 978-3-8394-3506-9
EPUB: 17,99 € (DE), ISBN 978-3-7328-3506-5

*Dieter Hoffmann-Axthelm*
**Lokaldemokratie und Europäisches Haus**
Roadmap für eine geöffnete Republik

Oktober 2016, 114 S., kart., 17,99 € (DE),
ISBN 978-3-8376-3642-0
E-Book: 15,99 € (DE), ISBN 978-3-8394-3642-4

**Leseproben, weitere Informationen und Bestellmöglichkeiten finden Sie unter www.transcript-verlag.de**